あそび込む保育をつくる

実践から探る「保育の知」

田中浩司 著

ちいさいなかま社

はじめに

この年はじめて5歳児クラスの担任になった保育者の相川さんは、いたずらをくり返すケンへの対応にふりまわされていました。毎日へとへとになり、精神的にもいっぱいいっぱいだったところに、追いうちをかけたのが、6月のザリガニ事件でした。園長先生が大切に飼っていたザリガニをゆずり受けたその日に、ケンが水道水でザリガニを洗って死なせてしまったのです。

もうケンが何を考えているのかわからない。このままではよくないということはわかっていましたが、年長担任としてしっかり育てなくてはいけない、というプレッシャーに加えて、ケンを受け入れられない自分に歯がゆさを感じていました。

子どもの良いところを見つけなくてはと思いながら、欠点にばかり目がいってしまう。その子が休んだ日に、ほっとしている自分に気がついて、保育者としてそんな自分がいやになる。子どもとの関係が上手くいかなくなると、そこから抜けだすことはなかなか難しいものです。

さいわい相川さんは、仲間の助けを得ながら、ケンと向き合うことができるのですが、経験の少ない保育者が、こうしたプレッシャーをはねのけるのは容易ではありません（相川さんの実践は、第2章38ページ）。

　周囲の期待や要求を意識するあまり、子どもの今の姿を受け入れられないという悩みをもつのは、なにも5歳児を担当する保育者にかぎりません。

　もちろん、子どもにこうあってほしいと願うことは、おとなとして当然のことです。ただし、その願いが、子どもを受け入れることを難しくしているとすれば、今、子どもたちに必要なことは何か、あらためて考えてみる必要があるでしょう。本書では、子どもたちが夢中になってあそぶ姿の中に、その答えを見つけたいと思います。


　あそびはだれかに押しつけられてするものではありません。子どもが自ら気持ちを向けることで、はじめて成立するものです。子どもはあそびたいからあそぶ、といってもよいでしょう。おとながあらかじめ予想したとおりに、子どもがあそぶようになるわけではありません。この予想外の展開こそ、保育の醍醐《だいごみ》味といえます。

　保育者が用意して与えたものではなく、自分たちのあそびをつくりだし、仲間や保育者とともに深めていくこと、これを「あそび込む」と表現したいと思います。

　子どものあそびには、おとなには意味が理解しづらいものがたくさんあります。そうしたあそびこそ、子ども自身が求めるあそびであるともいえます。それを役に立たないと切り捨ててしまい、教育的意義が見えやすいあそびだけが推奨されたとき、子どもの世界は歪んだものになるのではないでしょうか。

あそび込む子どもを育てようとしたとき、こうした私たち自身のもつ、役に立つかどうかだけでものごとの価値を判断する「ものさし」を一度捨て、あらためて子どもの世界に共感し、子どもの目線であそびをとらえる必要があるように思います。


おとなのあそび観を問い直す作業を含めて、今、子どもたちに必要な経験とは何か、またそこに私たちができることは何かを考えることを、本書のテーマとしたいと思います。そこで、次にあげる2つの視点を大切にしました。

一つは、保育者の迷いや悩み、そしてときには失敗を含めて、実践を捉えるということです。自分の関わりはあれでよかったのか。もっと子どもたちのために、できることがあったんじゃないか。こうした反省をくり返しながら学ぶことで、保育はより充実したものになり、また保育者自身も成長していきます。

悩みや失敗を乗り越えようとする保育者たちの姿をとおして、保育経験の少ない保育者には、自分と同じ悩みをもっている仲間がいることを知ってもらいたいと思います。また、経験豊かな保育者には、私ならこんな関わりをするんじゃないか、そういえば自分が担当したクラスでも同じようなことがあったなと、自分の実践と重ね合わせて考えていただければと思います。

もう一つは、なにか特別な保育方法を示すのではなく、保育者が日頃行っている実践の中に、「保育の知」を見いだすということです。保育者は日々、子どものあそびに関わるなかで、子どもの姿をどのように捉えればよいのか、また、どのようにあそびに関われればよいのかといった知識や技術を蓄積していきます。ただしそれはかんたんに言葉にできるものではなく、感覚として個々の保育者の意識の中に溶け込んでいるといってもよいでしょう。こうした「保育の知」を発掘することは、保育者の専門性を高める糸口となるだけでなく、保育者が自らの専門性を意識し、誇りをもって働く力になるのではないでしょうか。

また、こうした「保育の知」は、従来、職場の同僚や研究会の仲間と実践を語り合うなかで継承されてきました。ところが、保育者のシフトの複雑化や、人手不足や長時間保育によって生じる労働そのものの過酷化から、保育者が実践を語り合う余裕を失ってきているように感じます。本書が保育を語り合うきっかけとなることを願いながら、論を進めたいと思います。

それではみなさん、「保育の知」を探す旅のはじまりです。

＊本書に登場する子どもの名前はすべて仮名です。また、保育者の一部を仮名としています。

もくじ

3章 「子どもとつくる」という視点

4章 あそびをとおして つながり合うおとなたち

＊本書は、『ちいさいなかま』（２０２１年４月号〜２０２３年３月号）に掲載された連載「夢中になってあそび込む　豊かな実践から探る『保育の知』」に、小論「保育のなかであそびを育てる―今求められる保育者の専門性」（２０１６年８月同誌・臨時増刊号）、「保育者が子どもの気持ちに向きあうとき―幼児期のそだちと保育者の安心感」（２０２０年８月同誌・臨時増刊号）を加え、全体を再構成したものです。

1章

「つぶやき」に子ども理解の手がかりを見いだす

1　子どもを理解しようとする姿勢

——進級への不安を読みとる

子どもの気持ちがわからない。保育者であれば、一度は悩んだ経験があるのではないでしょうか。「どうしたいの？　自分の口で言ってごらん」なんてつめよってしまうと、子どもはますます口をつぐんでしまいます。自分の中に確かな思いがあればよいのですが、何をどうすればよいか、子ども自身も整理がつかないこともあるでしょう。

本章では、こうした子どもの思いや願いを理解する手がかりとして、子どもの「つぶやき」に注目したいと思います。保育者に対して「先生あのね」と、子どもが伝えた言葉だけでなく、子どもがふとしたときに発したつぶやきを逃すことなく、言葉の奥にある思いを理解しようとする保育者の姿と、そうした保育者に受けとめられて育つ子どもたちの姿の中に、子ども理解の手がかりを見いだしたいと思います。

「ふざけんじゃないよ」

新学期がはじまってすぐのこと。筆者が参加している研究会で、フリーとして3歳児クラスに入っていたベテラン保育者が、次のようなエピソードを紹介してくれました。

その日、クラスのほとんどの子どもが園庭であそぶなか、アツトは一人教室に残って、窓から外を眺めていました。アツトは以前からこの保育園で生活しており、クラスの子どもたちとの関係もできています。そんなアツトがなぜ、仲間とあそぼうとしないのか、気持ちを探ってみようと考えた保育者は、アツトと並んで窓の外を眺めることにしたそうです。

窓の外には、仲間たちがテラスで楽しそうにあそぶ姿が見えました。しばらくの間、アツトといっしょに窓の外を見ていると、アツトがこんなことを言いました。

「ふざけんじゃないよ」。

2歳で過ごした保育室に行ってみよう

アツトの言葉は、外であそぶ子どもたちに向けられたものでした。楽しげにあそぶ仲間がうらやましかったのでしょう。「ああ、まだアツトにとって、『自分のクラス』

になっていないんだな」と感じた保育者は、「前のお部屋に行ってみようか?」と、アットを連れて以前生活をしていた2歳児クラスの保育室に行くことにしました。

教室につくと、保育者は、「アットの(洋服や荷物を入れる)ロッカーはどこだった?」とたずね、自分のロッカーだったところまで連れていきました。もちろんそこにはアットの荷物はなく、新しい2歳児の荷物が入っています。

アットも、このロッカーがもう自分のものではないことはわかっています。保育者も「ここだったのね」とだけ確認し、アットと保育室をあとにしました。

保育室にもどったアットが、すぐに気持ちを切り替えられたわけではありませんでした。ただ、そのときのアットの表情は、「ふざけんじゃないよ」と言ったときの険しいものではなく、もう2歳児ではなく、3歳児組なんだと納得したようすだったといいます。

子どもの声を聴く

2歳児クラスから3歳児クラスへの移行は、乳児クラスから幼児クラスへという、大きな変化をともないます。保育者数も、子ども6名に対して保育者1名だったところが、20名に対して1名となり(あくまでも最低基準ですが)、保育者との関係も、「自分の先生」ではなく、「クラスの先生」という位置づけが強くなります。

「ふざけんじゃないよ」という言葉に、アットの新しい環境へのとまどいを感じた保育者は、アットといっしょに、2歳児の保育室に行きました。それはもちろん、前の保育室に思いを残してきたアットの気持ちを断ち切る（あきらめさせる）ためではなく、「私はあなたの戸惑いを理解しているよ」ということを伝えるためでした。

子どもが一人でいると、私たちはおもわず「どうしたの?」と、声をかけたくなります。もちろんそうした言葉がけが悪いわけではありませんが、子どもによってはそっとしておいてほしいこともあるでしょう。この場面でも、保育者は多くの言葉をかけることなく、子どもといっしょに窓の外を眺める、という姿勢をとりました。

こうした子どもに寄り添おうとする姿勢が、アットの心の内側を表す大切な声を引きだしたといえるでしょう。

子どものことを理解したい

ここで紹介したベテラン保育者は、子どもの気持ちや行動の背景が理解できた瞬間をとらえて、「ああ、そうなのか、そういうことだったのか（と理解できた）」と語ります。経験を積み重ねてもなお、パターン化された思考や技術におちいることなく、常に「ああ、そうなのか」と、新鮮な驚きをもって、子どもたちと向き合おうとしていることがわかります。

こうした姿勢によってこのベテラン保育者は、子どもたちの目にも、自分を変えようとするおとなとしてではなく、自分を知ろうとするおとなとして映ることでしょう。こうした保育者の姿勢が、進級への不安をかかえるアツトにとっての安心感につながったといえるでしょう。

仲間といっしょにあそばせるにはどうすればよいか、といった技術ではなく、子どものほんとうの願いがどこにあるのか、子どもの姿から学ぼうとする姿勢をもち続けることが、保育者にとっての重要な資質となることを学んだエピソードでした。

2 ちょっとこわいけど、どきどきして、わくわくする
――なかあてを見ている子どもの気持ちを推測する

なかあてに入ろうとしないユタカ

ある日、3歳児クラスのユタカは、同じクラスの仲間が園庭で「なかあて」をする

ようすをテラスから眺めていました。ユタカがどんな気持ちでなかあてを見ているのか、その気持ちを知りたいと考えた担任は、ユタカのとなりで園庭を眺めながら、「なんでなかあてをやらないの？」と聞いてみたそうです。ユタカから返ってきた言葉は、次のようなものでした。

「ちょっとこわいけど、どきどきして、わくわくする」。

自分も参加したいけれど、ちょっとこわい。でも、どきどきして、わくわくもする。直接あそびに参加していなくても、なかあてのおもしろさに触れられていると感じた担任は、「無理に誘わなくてよかった」と安心したそうです。

あそびの特徴を理解する

なかあては、コートの外にいる人は中にいる人をねらってボールを投げ、中にいる人はボールにあたらないようにするという、対立をとおして生まれるスリルを楽しむあそびです。こうしたあそびは「対立を楽しむあそび」と呼ばれ、乳幼児期をとおして（学齢期も含めるとかなり長い期間）、それぞれの発達段階に応じた形で楽しまれます。

ただしスリルとは、不安や恐怖が入り交じった繊細な感情であり、同じ状況でもそれを楽しいと感じるか、こわいと感じるかは人それぞれです。また、ジェットコースターをイメージするとわかると思いますが、逃げだしたくなるようなこわさと、もっとやりたいというわくわく感といった、相矛盾した感情が一体となって生起することもあります。

こうしたスリルは、本人もこわいのか、楽しいのかよくわからない、入り交じった複雑な感情として体験されることもあります。あそびへの参加に尻込みしている子どもは、こうした感情が渦巻き、どうしてよいのかわからなくなっているのかもしれません。

もし、担任が「ユタカくんもやってみたら?」と誘いかけていたら、どうなっていたでしょうか。筆者は、「こわいから、ぼくはやらない」と答えたのではないかと思います。

もちろん、あそびに誘いかけること自体が悪いわけではありません。ただし、おとなが誘いかけることによって、それまで曖昧にしか感じられていなかった否定的な感情(ここではこわいという感情)が自覚化され、やりたくないという気持ちを確定させてしまうことも、少なくないように思います。

実際には、保育者はユタカと並んでなかあてを眺める、という選択をとりました。保育者が、やるかやらないかという二者択一を迫らなかったことが、保育者とともに、仲間の姿を見て楽しむという、もう一つの道を開いたのかもしれません。

あそびを「見ている」という楽しみ方

仲間のあそぶようすを見ているという状態は、「入れてちょうだい」といった、仲間入りの言葉がでないために、しかたなく見ているといった、消極的な姿として捉えられることが少なくありません。ただしそうした子どもは、しばらくするとあそびに入ってくるか、入らない場合は、その場から離れていくことが多いように思います。

一方でユタカは、かなりの時間、テラスからなかなかあてを眺めていました。このことからも、ユタカの見るという行為は、しかたがなく見ているのではなく、見ていることそのものが楽しいという、積極的な選択であったことがうかがわれます。仲間がボールをあてようと必死になる姿、あたらないように逃げまわる姿を見ることそのものが、どきどきして、わくわくする体験だったのかもしれません。

また、あそびを見るという行為は、あそびに直接参加している子どもたちにも見られます。例えば、起伏のある場所でオニごっこをすると、たいてい何人かの子どもたちは、高いところから仲間のようすを見ています。いつ自分も追いかけられるかわからない状況で仲間のようすを見るというのは、安全な場所から見る「スポーツ観戦」とはまた違ったおもしろさがあるのかもしれません。

子どもたちはあそびに参加しながら、あそびを観戦している。集団あそびのおもしろさは、そんなところにあるのかもしれません。

楽しみ方は子どもが知っている

ちょうど前の日にも、クラスでなかあてをしたそうです。その日は、だれがコートの内側に行くのか、外側に行くのかは、保育者が決めました。保育者としては、これまでなかあてを見たことはあっても、実際にやったことのある子どもはほとんどいないため、保育者が決めたほうがスムーズにはじめられるだろうと考えてのことでした。

その翌日、ユタカがなかあてに入ろうとしなかった日には、ほとんどの子どもが、自分からコートの外側に行きたいと言ったそうです。

なぜ、ほとんどの子どもがコートの外側を選んだのでしょうか。これは筆者の想像になりますが、前日の経験から、コートの外にいればあてられる心配がないことがわかり、積極的に外側を選んだのではないかと考えます。

実際には、なかあての内と外の人数比はとても重要で、外にいる子どもが多すぎると、なかなかボールがまわってこないため、ボールの取り合いになってしまいます。また内側にいる子どもが受ける圧が強くなりすぎて、スリルを楽しめなくなるということがあります。

この場面で、子どもたちが投げる楽しさを味わいたいと感じているのなら、陣地の外側にいる人数が多くなってもしかたがないと考えるか、バランスを考えて人数調整をするか、このあたりは迷うところでもあります。ただし、どちらを選択するにせよ、子どもたちが今、あそびのどのような側面を楽しんでいるのか、理解しようとする姿勢は大切になるでしょう。

寄り添うことではじめて聞こえてくる子どもの声

ユタカの「ちょっとこわいけど、どきどきして、わくわくする」という言葉は、保育者が子どもを変えようとするのではなく、子どもの今に寄り添おうとしたことで、引きだされた言葉でした。こうした姿勢は、先に紹介した、ベテラン保育者にも共通するものでした。

子どもたちに「いっしょにあそんでほしい」と願うのは、保育者として自然なことです。ただし、そうした願いは時として、子どもたちに「ねばならない」という、圧力として伝わります。この場面でも、保育者が「先生といっしょにやってみようか」と誘いかけていたら、ユタカはなかなかあてをどきどき、わくわくしながら見ることはなかったでしょう。保育者が子どもの今を受け入れ、寄り添おうとしたからこそ引きだされた言葉だと思います。

3　子どもの気持ちにふたをしたくない

――ひりひりする言葉から学ぶ

「え？　そんなこと言うの？」

幼稚園の園庭で、3歳児クラスの子どもたちが、「引っ越しオニ」をするなか、アスカは一人、テラスに置かれたイスに座って、そのようすを眺めていました。

筆者がアスカのとなりで、「何かおもしろい言葉が聞けるかも……」と耳を澄ませていると、アスカからこんなつぶやきが聞こえてきました。

「おっせーんだよ」。

3歳児からこんな言葉を聞くとは思っていなかった私は、「え？　そんなこと言うの？」と戸惑いつつ、「でも、下手にリアクションをとると、アスカが不安になるかもしれない」。そんなことを考えているうちに、時間が過ぎていきました。

そういえば私もヤジを飛ばすことがある…

その日の午後、保育者たちと保育をふり返るなかで、先ほどのアスカの言葉が話題になりました。すると、アスカのようすを見ていた保育者から、アスカが自分でテラスにイスを持ちだし、引っ越しオニを見ていたということが報告されました。また、少し離れた場所で見ていた参加者からも、アスカの視線はとても真剣だった、という感想が述べられました。

こうした情報を重ね合わせると、「おっせーんだよ」は、仲間の動きをしっかりと見ていたアスカだからこそ発せられた言葉だったことがわかります。

私たちも、スポーツ観戦をしながら「ヤジを飛ばす」ことがあります。ただしそれは好きか、嫌いかは別として、思い入れのある相手（チーム）に対して行うもので、関心のない相手にヤジを飛ばすことはありません。

アスカに対して、「そんな言葉づかいはよくありません」と言うことはかんたんですが、それでは、アスカが教室からイスを持ちだしてまで、引っ越しオニを見たいと思った気持ちや、仲間の動きをしっかりと見ていた事実を受けとめることにはなりません。

実際にアスカがどんな気持ちで「おっせーんだよ」と言ったのかはわかりませんが、保育者たちと話すなかで、少しアスカの気持ちに近づけたような気がしました。

「疲れたでしょ⁉ 休んでな」

幼稚園5歳児クラスの子どもたちが、園庭でリレーをしていたときのことです。2回戦を終え、子どもたちに少し疲れが見られたため、担任は、「疲れた人は、応援団でもいいよ」と声をかけました。何人かがリレーのメンバーから抜けたため、たりない人数はチームのだれかが2回走ることになりました。

するとケンイチが同じチームのナナミに、次のような言葉をかけました。

「疲れたでしょ⁉ 応援団にしな、ね、休んでな」。

勝ちにこだわるケンイチは、足の速くないナナミが休んでくれたらつごうがよい、と考えたのでしょう。ナナミへの気づかいなどではなく、次は走らないでほしいという思いからでた言葉なのは明らかでした。

ケンイチの勢いに押され、ナナミも、うなずくしかありません。このままではまずいと感じた担任は、「ちょっと待って。ナナミはどうしたいの?」とたずねました。するとナナミは、「疲れてない」と答えます。

そんなこと言っちゃいけません

その後、担任は、次のような言葉をかけたそうです。

「疲れているかどうか、やるかやらないかは、自分で決めるから。ほかの人がそういう言い方をすると、やりたくてもやれなくなっちゃうからね」。

勝ちにこだわるケンイチが、ナナミがいないほうが勝てると考えたことは、善し悪しは別として自然なことであり、担任としてケンイチの気持ちにふたをするような対応はしたくなかったと言います。

たしかに、この場面で保育者が注意をすれば、ケンイチがナナミに「休んでな」とは言わなくなるでしょう。ただし、担任がほんとうに目指したかったのは、そんな表面的なことではありませんでした。

自分のチームが勝つことができればそれでよい、というケンイチの認識を広げるには、くり返しあそび込むなかで、仲間の存在の大切さに気づかせるしかありません。ただ、今の段階で保育者が目指そうとする姿をそのまま伝えたところで、ケンイチが受けとめられるとは思えません。

そこで、ケンイチの言葉の善し悪しについては言及せず、あくまでも休むかどうかはナナミ自身が決めることだけを伝えたのだそうです。

休むかどうかはナナミ自身が決めるという言葉は、ケンイチの可能性を信じた保育者だからこそ、かけられた言葉だったといえるでしょう。

子どもの可能性を信じる

子どもの言葉には、私たちをほっこりさせてくれるような温かいものもありますが、こうしたひりひりさせられる言葉から学ぶことは多くあります。

アスカの「おっせーんだよ」も、ケンイチの「疲れたでしょ!? 休んでな」も、お世辞にも良い表現とはいえません。ここでとりあげた保育者たちは、単純に表現の善し悪しで子どもの言葉を評価するのではなく、子どもの言葉の裏にある思いや、その背景や文脈に思いをめぐらせ、子どもの気持ちに向き合おうとしました。そこには、子どもの育ちの見通しをもちながら、その可能性を信じたいという、保育者たちの願いがあったことはまちがいありません。

ただし、こうした保育者の判断は、言葉にしなくては伝わりません。場合によっては、なぜあんな表現をゆるしたのかと、まわりの保育者の不信を生むことだってあるでしょう。子どもの可能性を信じる保育を実現するためには、保育者一人ひとりが、自分の判断を言葉にし、仲間の保育者、場合によっては保護者にも伝えていくことが、大切になるように思います。

2章

経験を共有し、楽しさを分かち合う仲間

園生活の中で、いちばん身近な存在である保育者に、自分の思いが受けとめられる経験は、子どもにとっての安心感につながります。一方、こうした子どもの思いは、仲間に伝わることによって、おとなに受けとめられるのとはまた違った、喜びや自信につながります。

ここからは、子どもたちが仲間とともにあそび込む過程で、楽しさを分かち合う仲間の存在がどれほど重要か、また、そうした仲間集団を育てるうえでどのようなことを大切にすればよいか、考えてみたいと思います。

1　仲間に必要とされる経験

――オニごっこでつかまっても逃げようとするケント

勝ち負けにこだわる子ども

かけっこやゲームで負けそうになると、あそびをぐちゃぐちゃにこわしてしまうといった、勝ち負けにこだわる子どもがクラスに1人はいるのではないでしょうか。どの年齢にもこうした特徴をもつ子どもはいますが、ここでは、こうした勝ち負けにこだわる姿が見られるようになる、3歳児に焦点をあてようと思います。

この時期、子どもの中に、自分はこうありたいという「つもり」が生まれます(注)。オニごっこでも、最後まで逃げきるつもり、相手をつかまえるつもりといった、たんなる役割以上の強い思いが込められるようになります。そのため、つかまえられたことに激高し、相手を突き飛ばしてしまうといったトラブルを起こす子どもや、負けることを回避するために、あそびに入ろうとしない子どもが見られるようになります。

子どもの中につもりが生まれることは、自我の育ちとしては健全なことです。イッチョマエに育ちつつあることをよろこぶ余裕があればよいのですが、こうした強い情動反応はまわりの子どもたちにあたえる影響も大きく、保育者として対応に迷うことも少なくありません。

注:神田英雄『3歳から6歳――保育・子育てと発達研究をむすぶ　幼児編』(ちいさいなかま社)

「そんなのわかってる!」

3歳児のケントは、「引っ越しオニ」で最後まで逃げきる「チャンピオン」へのあこがれが強く、つかまっても逃げようとする、仲間からそのことを指摘されると、あそびから抜けてしまうといったことが続いていました。チャンピオンに強いあこがれをもつケントの気持ちはわかるけれど、ほかの子どもたちとの関係もあり、担任はどう対応すればよいか悩んでいました。

ある日、オニにつかまったことをきっかけに気持ちがくずれ、あそびから抜けようとするケントに、いっしょにあそんでいた子どもたちが、それはずるいとつめよることがありました。

担任は、子どもたちがケントに、自分たちの気持ちを伝える大切な機会だと考え、近くで見守っていました。

「つかまったらオニをやるんだよ」と指摘する子どもたちに、ケントは、「そんなのわかってる！　でもチャンピオンになりたいの!!」と答えます。つかまったらオニになることはわかっているけれど、かんたんには受け入れられない。ケントの苦しさがあらわれています。

すると、ようすを見ていたサクラが、こんなことを言いました。

「サクラもチャンピオンになりたい。つかまるときはいやだけど、でも、がんばってオニをやって、ちょっとがまんしたら、次はチャンピオンになれるかもしれない」。

ケントと同じように、サクラも負けずぎらいな子どもでした。サクラが自分の気持ちを伝えてくれたことがうれしかった担任は、「その気持ち、ケントくんに伝えてみようか」と、サクラに促します。

オニも楽しいという新しい視点

サクラが自分の考えを伝えてはみたものの、ケントからの答えは、「ケントはがまんできない！」というものでした。たしかに、サクラの意見は、ケントに「がんばってオニになる」ことを求めるものでした。ケントからすれば「そんなのわかってる」ことなのです。

すると、話を聞いていたハルカが、こんなことを言います。

「わたしはオニをするのが楽しいよ。つかまえたらタッチもできるし。逃げているとケントみたいに、足の速い子につかまえられちゃうけど、オニになればみんなでつかまえに行くから（一人ではつかまえられない相手にも）タッチできる」。

ケントにとっても、サクラにとっても、つかまることは「いや」な経験で、オニになるには「がまん」が必要でした。それに対してハルカの言葉は、オニも楽しいという、ケントにもサクラにもなかった、新しい視点を与えてくれるものでした。

ハルカの言葉は、実際にはケントを納得させるものではありませんでした。ただし、ハルカの言葉を聞いていた周囲の子どもたちからは、「あ、そうか。じゃあ次は◯◯くんをつかまえよう」といった言葉が聞かれたそうです。保育者は、「実際はケントくんをどうするかという話し合いだったんだけど、まわりの子どもたちのほうがいろいろと気づく経験になった」と、当時をふり返っています。

仲間に必要とされる経験

ある日、オニにつかまったケントが、履いていた靴と靴下を園庭に放り投げてしまうことがありました。周囲にいた子どもたちが、「どうしたの？」と聞くと、ケントは、「靴下が汚れたのがいやだった」と答えます。靴下を投げたのはケント本人ですが、ケントなりに、オニにならない理由がほしかったのでしょう。

すると、ケントの言葉を聞いたサクラが、「じゃあ、サクラの靴下を半分貸してあげる」と言って、自分の靴下を脱いでわたすのです。ケントからすれば、そうじゃない！　という場面ですが、サクラは、あくまでもケントを応援しようとします。ケントもサクラの気迫に押され、サクラに手を引かれ、オニの陣地に行きました。

ただし、ケントは陣地の中をうろうろとするだけで、追いかけようとはしませんでした。まだオニになる気持ちにはなれなかったのでしょう。まわりにいた子どもたちも、それ以上、ケントに追いかけることは求めませんでした。

保育者が、このまま終わりになるのかなと思ったそのとき、サクラがケントにこんな声をかけます。

「ケントくんがいないと、つかまえられないよ」。

いくら追いかけてもつかまえられず、へとへとになったサクラが思わずかけた言葉でした。その言葉は、以前のように、ケントにがんばってオニをするように求めるのではなく、ケントが必要だということを伝えるものでした。

この言葉をきっかけに、ケントはオニとして追いかけるようになります。もともとケントは足の速い子どもでした。たくさんつかまえたケントに、周囲からも「ケントくんがいたから勝てたね」という声があがります。

その後もトラブルはありましたが、この日の経験は、ケントが大きく成長するきっかけになりました。仲間から必要とされた経験、そして自分も仲間の役に立つんだという実感が、ケントの自我をひとまわり大きくしたといえるのではないでしょうか。

くり返すことで見えてくるもの

ケントが発した「そんなのわかってる」という言葉からは、頭ではわかっていても、大きくなろうとしている自我がそれをゆるしてくれないというケントの葛藤が伝わってきます。オニごっこでつかまるということは、私たちおとなからすればたいしたことではありませんが、子どもにとっては（とくに、3歳児にとっては）自我をゆるがす「一大事」なのかもしれません。

また、この事例では、周囲の仲間がケントに対して、粘り強く自分の思いを伝えていたところが印象的です。

靴下を半分だけ貸してあげたところなどは、思わず笑ってしまうところですが、自分たちの思いをしっかりと伝えようとする関係が、日々の生活の中で築かれていたからこそ可能となった実践といえます。

最後にケントを動かしたのは、仲間に必要とされる、頼りにされるという実感でした。ケントのような子どもに対して、しばしば自己コントロールの力が未熟で、がまんする力をつけたほうがいい、と言われることがあります。

もちろん、自分の気持ちに折り合いをつけることは大切なことですが、こうした力は豊かな仲間関係の中ではじめて引きだされるものであることを、この実践は教えてくれます。

2 仲間の体験を大切にする

——リレーのバトンをつなぐために

「みんなで勝つ」にはどうすればいい？

4歳児後半から5歳児になると、自分が逃げきる、つかまえられるといった個人レベルの勝ち負けを意識するだけでなく、チームとしての勝ち負けといった、より社会化された勝ち負け意識が生まれます。例えば、ドロケイのようなチームに分かれて勝敗を競い合うあそびでは、自分がつかまっても、仲間が残っていればチームとして勝つことができます。

ただし、こうしたチームとしての勝ち負けを意識するようになったとしても、自分がつかまった（負けた）という事実がなくなるわけではありません。チームとしての勝ち負けは理解していても、依然として、個人レベルで負けることに、強い抵抗を示す子どももいます。

ここからは、そんな「自分が負ける」ことがゆるせないマリと、そんなマリをはげましながら、リレーを楽しんだ子どもたちの姿をとおして、集団として勝ち負けを楽しむとはどのようなことか、考えてみたいと思います。

追い抜かれることががまんできない

幼稚園5歳児クラスのマリは、走ることは好きなのですが、ドロケイなどの勝ち負けのあるあそびは、あまりやりたがらない子どもでした。

ある日、クラスで「かけっこ」をしていると、マリが途中からコースアウトして園庭のすみに座り込んでしまうことがありました。グループの仲間が2人（この園では、3歳児クラスからグループ活動をしています）、マリにかけよって話をはじめます。しばらくすると、2人は笑顔で保育者のもとに来て、「マリちゃん、走るって」と報告しました。

保育者は、いつもはなかなか気持ちが切り替えられないマリが、どうして走る気になったのか、2人に理由をたずねました。すると、「あのね、マリちゃんに、しゃがんでいたから（座り込んでいたからその間に）たぶん足が強くなってると思うから、次は勝てるかもしれないよ（と伝えた）」と教えてくれました。

座っている間にほんとうに足が強くなるのかはわかりませんが、マリが2人の言葉に励まされたことには違いありません。気持ちを切り替えたマリは、もう一度かけっこにもどり、最後まで走りきることができました。

マリを動かしたのは、次は勝てるかもしれないという、マリの「勝ちへのこだわり」にそった言葉でした。マリが人一倍、負けず嫌いなことを知っていた2人にとって、マリにがまんを要求する言葉をかけても心に届かないだろうことは、かんたんに想像できたのでしょう。

チームとしての勝ち負けと、個人としての勝ち負け

この園では5歳児クラスになると、例年、運動会でリレーをしていました。

ある日、リレーで追い抜かれたことがきっかけで、マリがバトンを放り投げて、あそびから抜けてしまうことがありました。ほかのチームが次つぎにバトンをつないでいく姿を前に、チームの子どもたちはあせりをかくせません。ただ子どもたちも、マリは一度気持ちがくずれると、なかなか収まらないことがわかっており、どうしたらいいかわからないようでした。

このとき保育者は、チームの仲間が、マリに対して「自分たちだって勝ちたい」という思いを伝えきれていないことが気になっていました。マリの気持ちを受けとめるだけでなく、自分たちの気持ちも伝えてほしい。そう考えた保育者は、「もう一つのチームは、どんどんバトンをつないでいるよ。みんなもどうしたいのか言っていいんだよ」と、自分たちの気持ちを伝えるよう促します。

この言葉をきっかけに、子どもたちは、「バトンをつないでくれないと勝てない」「負けていても走ってほしい」と、自分たちの気持ちを伝えるようになります。ただし、子どもたちは自分たちの気持ちをマリにぶつけるだけではありませんでした。放り投げたバトンを取りにいく子ども、いっしょに手をつないで走る子どもなど、チームとしてゴールまで走りきりたいという思いを言葉だけでなく、身体を使って伝えました。

マリががんばり、チームも勝てる作戦とは

次の日も、追い抜かれたマリがかんしゃくを起こして、走るのをやめてしまうことがありました（こうした特徴は、かんたんに変わるものではありません）。ただし、前日とは少しようすが違いました。

チームの仲間がマリのもとに行き、「私たちも速く走ってマリちゃんにバトンをわたすから、マリちゃんも走ってほしい」と、自分たちの思いを伝えるのです。するとマリも、「速く（バトンを）つないでくれたらがんばれる」と、仲間の要求を受け入れます。

ここではじめて、「追い抜かれるのがいやだから走りたくない」というマリの要求と、「バトンをつないで最後まで走りきってほしい」という仲間の要求との間の「矛盾」を乗り越えるための「作戦」が生まれます。

子どもたちが考えだした作戦は、チームで足の速い子が1番手と2番手とを走り、できるだけ差をつけた状態でマリにバトンをわたすというものでした。実際には、この作戦が100パーセントうまくいくわけではありませんでしたが、マリも仲間といっしょに考えた作戦だったからか、負けて泣くことはありましたが、あそびから抜けることはなくなったそうです。

相手を認めながら、自分の思いを伝えられる関係

追い抜かれることがくやしい、という個人レベルの勝ち負けにこだわるマリを前に、チームの仲間は、マリの勝つことへのこだわりを認めながら、粘り強く応援しました。

一方で、自分たちだって勝ちたいという思いも伝えてほしいと考えていた保育者は、「みんなもどうしたいのか言っていいんだよ」と、あえて子どもたちの間に葛藤を生みだす言葉を投げかけます。

保育者が安心して、こうした言葉をかけられた背景には、子どもたちが一方的にマリを批判し、排除するようなことはない、という見通しがありました。保育者の考えていたとおり、「バトンをつないで最後まで走りきってほしい」と、自分たちの思いを伝えたあとにも、マリの放り投げたバトンをひろい、手をつないでいっしょに走る姿がありました。

こうした相手を認めながら、自分の思いを伝えられる関係は、一朝一夕に生まれるものではありません。同じクラスの仲間と楽しさを共有したいという願いをもちつつ、集団からはずれることがあっても、それもその子の思いとして大切に受けとめる仲間関係の蓄積と、そうした関係を大切にしたいという保育者の願いのうえに成立した実践といえるでしょう。

3　おもしろさを伝える仲間の存在

──あそびの中で見せる子どもの姿を楽しむ

立て続けに起こる「事件」

この年、はじめて5歳児クラスを担任した相川さんは、新学期がはじまってから、クラスで立て続けに起こる「事件」にふりまわされていました。

園長先生が育ててきたザリガニをもらったその日に、水道水をジャブジャブとかけて死なせてしまう「ザリガニ事件」。帰りの会が終わり、保護者が迎えにくるまで過ごす教室からこっそり抜けだし、押し入れにかくれてしまう「押し入れ事件」。共有のおもちゃであるマンカラ（石を順番に動かしていくボードゲーム）のキレイな石をこっそり家に持ち帰ってしまう「マンカラ事件」。

これらすべてのきっかけになっていたのが、ケンでした。ケンはよくいえば、おもしろいことへの感度が高い子どもですが、後先を考えず突っ走るところがあります。

昨年に引き続き、このクラスを担当していたベテランの西田さんは、「おもしろそうだからやってみたら、結果、大ごとになってしまったのではないか。あそび込める対象さえ見つかれば、トラブルは気にならなくなるだろう」と、それほど心配はしていませんでした。

一方、はじめて年長を担任した相川さんにとって、ケンの行動は理解しがたいものでした。当時をふり返って、「あの頃は、ケンくんの悪いところばっかり目についていた」と言います。ただし、自分がケンのことをもっと知らなければ、ケンも変わるきっかけはつかめないだろう、ということもわかっていました。

ケンってこんなに生きものが好きだったんだ

そんなときに起こったのが、ザリガニ事件でした。大切に育ててね、と園長先生から譲り受けたザリガニをケンが水道水でジャブジャブ洗って、死なせてしまったのです。「またケンくんか……」と思うできごとでした。ただ、ケンを責めても何もはじまらないと感じた保育者たちは、人にもらったザリガニではなく、自分で見つけたザリガニなら、ケンも大切にするかもしれないと考え、クラスの子どもたちを連れて、近くの川にザリガニつりに行くことにしました。

じつはこの時期は、新型コロナウイルスによる全国一斉休校（休園）が終わり、園に子どもたちがもどってきた時期でもあり、子どもたちと遠出の散歩をすることには、園内でもさまざまな意見がありました。ただ、子どもたちのよろこぶ顔が見たい、ケンとしっかりと向き合いたいという相川さんの強い思いが伝わり、園内の体制を整えたうえで、ザリガニつりに行くことになりました。

相川さんはなるべくケンと関わる時間をとりたいと考え、ケンのグループに入ることにしました。川の土手に到着し、いちばんにカニを見つけたのはケンでした。ケンは、「あ！　カニがいる。これならザリガニもいるはず!!」「あ！　ここに（ザリガニが）いる!!」と、大きな声で喜びや驚きを表現します。離れた場所にいた子どもたちも、「え？　どこどこ？」と、ケンが指さす方向を探しはじめます。大きなザリガニが釣れたとき、こわくてなかなか触れない子が多い中、「はさみがこわいんだよな」と言いながらも、果敢につかまえにいったのもケンでした。

あそびをとおして仲間とつながるケンの姿

ケンのいきいきとした姿に触れた相川さんは、「そういえば、以前も生きものに夢中になっていることがあったな」と思い、あらためて保育記録を読み返すことにしました。すると、5月のある日、ケンが同じクラスのヒロと、教室で飼っていたダンゴムシをあそばせたことをきっかけに、ダンゴムシの迷路づくりを楽しんだ記録に目がとまります。

ふだん、あまり関わりのない2人が、ダンゴムシを飼っていた虫かごをのぞき込んでいたのを見た相川さんは、「ダンゴムシ、ずっとおうちにいてつまらなさそうだね。外に出てあそばせてみる?」と、2人にたずねました。すると2人はよろこんで、虫かごからダンゴムシをとりだし、ダンゴムシの迷路を作りはじめたそうです。

ここで作った迷路というのは、段ボールをつなぎ合わせて道路を作り、その上をダンゴムシに歩かせるというかんたんなものでした。ケンは「オレのダンゴムシ。すべり台上がったよ!」「ここにはまっちゃうから、テープでふさいだほうがいいよね」と、ヒロと協力しながら取りくんでいました。

すると、まわりにいた子どもたちも、「え? なになに?」と、2人の夢中になる姿に引き込まれていきます。こうして2人がはじめたダンゴムシの迷路づくりは、たくさんの子どもたちを巻き込んで、翌日も続けられました。

なぜザリガニを死なせてしまったのか

あらためてケンの姿を捉えなおしてみたいと考えた相川さんは、7月に行われた園内カンファレンスで、ケンと向き合うなかで見えてきた姿を提案することにしました。先のザリガニつりや、ダンゴムシの迷路づくりのエピソードも、そこで報告されたたものです。

ザリガニつりや、ダンゴムシの迷路づくりで見えてきたケンの姿を報告すると、ほかのクラスの保育者から、以前、このクラスの子どもたちに、「ヤモリ」をあげたエピソードが語られました。

このヤモリはその後クラスで飼われたのですが、残念ながら数日で死んでしまいました。すると、ケンをはじめ、数名の子どもたちが「ヤモリが死んでしまった」と報告に来たのだそうです。

ケンがなぜ、ザリガニを死なせてしまったのかが、少しずつわかってきました。ケンは生きものへの関心が人一倍高く、ザリガニをもらってうれしくてしかたなかったのではないでしょうか。ただ、これまでザリガニと触れあう経験がなく、どのようにあつかってよいかわからず、結果的に乱暴なあつかいになってしまったのではないでしょうか。

こうして考えてみると、ザリガニを死なせてしまった「事件」というよりは、ザリガニが死んでしまった「事故」だったと捉えたほうが、しっくりときます。今から当時にもどることはできませんが、ザリガニが死んでしまったときのケンの気持ちを、もう少していねいに受けとめる必要があったのかもしれません。

保育者があそびをふり返ること

相川さんがケンの姿を肯定的に受けとめられるようになった背景には、子どもたちの姿を楽しもうとする西田さんの存在が大きく影響していました。

同じ時期、クラスのあそびとして取りくんでいたあそびに「マット取り」がありました。マット取りとは、チームに分かれて体操マットを引き合い、数多くのマットをとったチームが勝つゲームです。

ある日の午睡時間、2人の保育者と、その日の保育をふり返っていたとき、西田さんが「今日のあれは、斬新だったね」と、興奮気味に話すことがありました。筆者には何のことだかわからなかったのですが、相川さんはすぐに気づき、この日、マットを引くのではなく、押して陣地に入れようとする子どもがいたことを話してくれました。

子どもの姿というのは、その場でおもしろいと感じても、次の瞬間、記憶の奥底に眠ってしまうということがあります。何かおもしろいことがあったんだけど、なんだったっけ？　と思っても、後の祭りです。

とくに保育者に余裕がないと、何か問題が起きたときには、そのことをふり返ることはありますが、子どもが楽しむ姿をゆっくりとふり返っているゆとりはありません。ケンの起こす「事件」に翻弄《ほんろう》されていた相川さんも、子どもたちの姿を楽しむゆとりはありませんでした。

そうしたなか、その日の子どもの姿を楽しみながらふり返るという、ベテラン保育者の姿勢は、相川さんがケンのおもしろさに気づくきっかけをつくったといえるでしょう。

4 自分の発想が伝わる喜び
——マット取りの作戦を認め合った子どもたち

マット取りを真剣に見ているヒロの姿

ケンとダンゴムシの迷路を作ったヒロは、年中クラスで入園したときから、難しい計算ができたり、路線の駅名をすべて覚えていたりする、少し特徴のある子どもでした。また、関心のあることには積極的に取りくみますが、はじめてのことや苦手に感じたことは避けることが多くありました。ダンゴムシの迷路づくりは、そんなヒロが仲間とじっくりとあそんだ驚きのエピソードとして記録されたものでした。

年長クラスの6月、保育者がクラスでマット取りを紹介したときも、ヒロは「ぼくは見ているから（入らなくて）いい」と言って、仲間に加わろうとはしませんでした。ただし、ヒロが仲間に向けるまなざしは真剣そのものでした。離れたところから、「○くん、そっち！」と、監督のように指示する姿も見られ、状況を俯瞰的《ふかんてき》に見る力のあるヒロだからこその楽しみ方をしているようでした。一方で、こうしたヒロの楽しみ方をどうすれば、仲間とつなぐことができるのか、保育者たちは課題に感じてもいました。

必殺技「人数ふり分け作戦」

ケンとヒロは、まったく違うタイプの子どもでした。ただ、ダンゴムシの迷路づくりで見せた2人の姿から、どこかつうじるものがあると感じた保育者たちは、マット取りで2人を同じチームに入れてみることにしました。

マット取りをするかどうかはヒロが決めればいい、今までどおり遠くから見ていてもいいから、やってみたくなったら入ってきて、と伝えると、はじめのうちは見ていることの多かったヒロも、しだいにマット取りに入ってくるようになりました。あそびを見ている間に、全体像がつかめたことで、これならやれると考えたのかもしれません。

ある日、ケンがマット取りのさなかに、「4・2・2・2でいいじゃん。1枚だけあげる」という作戦を提案することがありました。まわりの子どもたちが、「なんのこと?」ときょとんとしているなか、ヒロだけがケンの意図を理解することができました。

ケンが提案したかったのは、次のような作戦でした。この日、チームの人数は赤白それぞれ10人に対して、引き合うマットは5枚ありました。均等に人数をふり分ければ(実際には、1枚のマットに何人もが集まることが多いのですが)、1枚を2人で協力して取りにいくことになります。それに対して、ケンは4人で1枚を確実に取りにいく1グループと、これまでどおり2人で1枚を取りにいく3グループに分かれ、残った1枚は相手チームにあげてしまうという作戦を考えたのです。

ヒロはふだんから、マット取りを外から眺めていたため、子どもたちが「手分け」して、マットを取りにいくことがわかっていました。

また、数に強いヒロにとって、4・2・2・2というケンの数字を使った作戦は、「すぐれた作戦」「カッコイイ戦術」だったにちがいありません。その後、「2じゃ弱い」(ヒロ)、「じゃあ10人でどんどん取っていくのは?」(ケン)、「それだと、ほかのマットはすぐに取られるよ」(ヒロ)と、2人の作戦会議が続きます。

ただ、こうした2人のやりとりは、なかなかまわりには理解されず、計3回戦の結果は、1勝2敗。ヒロとケンのいるチームが負けてしまいました。

作戦を紹介する

人数ふり分け作戦は、この段階ではヒロとケンでしか共有されていませんでした。保育者たちは、ほかの子どもたちが2人の作戦をよくわからないまま、あそびが終わってしまうのはもったいないとも感じていました。

作戦は自分たちが知恵をだしあって考えたものだから、保育者である自分たちも聴いてみたいし、仲間にも伝えたいんじゃないか？　そう考えた保育者たちは、あそびが終わったあとに、あらためて自分たちが考えた作戦をクラスの仲間の前で発表してもらうことにしました。

保育者の中には、自分たちの作戦をばらしてしまうことになると考え、作戦を紹介することに、ちゅうちょする子どもがいるのではないか？　という懸念もありました。ところが、実際には、子どもたちはたがいの作戦を交流することに抵抗はなく、むしろ、こんなすごい作戦を考えたんだと、誇らしげに発表していました。

この作戦のふり返りは、ケンやヒロにとっても、自分たちの考えた作戦が仲間に伝わる喜びにつながりました。そしてその後、この人数ふり分け作戦は、チームの「必殺技」として定着していきました。

必殺技・両手を使って一気に2枚取る作戦

人数ふり分け作戦をきっかけに、ヒロが仲間に自分のアイデアを伝えることが多くなりました。

ある日、相手チームの子どもたちが、並んでいるマットとマットの間に入り、両手で左右のマットを一気に引っぱるという技を見せることがありました。これですと、5枚のマットをすべて取ることができる可能性もあり（実際はそうはうまくいきませんが）、子どもたちも名案だと考えたのでしょう。

それを見た、ヒロのチームにいたマイが、「私たちも（相手チームと同じように）2枚取るのをやってみたい」と言いました。マイの意見にケンは、「（相手と）同じはいやだ」と抵抗し、なかなか作戦が決まりません。このやりとりを聞いていたヒロは、「それなら、強い人が4人（チームになって）で2枚を取りにいって、弱い人は1枚取ればいい」と、力の強さで取りにいくマットを決めることを提案します。

チームの子どもたちもこの提案にはなるほど、という顔をしています。以前のヒロであれば、アイデアを提案することで満足してしまうところですが、この日のヒロは違いました。子どもたちでだれが強い人なのか話し合っていると、ヒロは「ぼくはユイちゃんがいいと思う。ユイちゃん（はいつも）いっぱいマットを取ってる」と、仲間の姿をよく見ているヒロだからこその意見が出されます。

計3回戦の結果は、2勝1敗と、ヒロたちのチームの勝ち。ヒロの提案が功を奏したのかどうかはわかりませんが、ヒロにとって自信につながる場面でした。

たがいの世界をおもしろいと感じる仲間関係

当初から、保育者たちはヒロのユニークさを理解していましたが、それはクラスの子どもたちに伝わるものではありませんでした。ヒロの世界を仲間とつながるものにしたいと考えた保育者たちは、以前の保育記録をふり返るなかで、ケンとの間に、おもしろさを共有する関係が生まれる可能性を見いだしました。

マット取りで同じチームになったことで、ヒロが、ケンのちょっとわかりづらいアイデアを仲間に伝える機会が生まれました。それは数字が得意なヒロだからこそ、はたすことのできた役割だったといえます。

子どもたちにとって、自分がおもしろいと感じたことが仲間に共有される経験は、かけがえのないものです。また、それは保育者にははたせない役割でもあります。保育者がこうしたたがいの世界をおもしろがれる仲間関係を見つけだし、育てていくことが、仲間とともに夢中になってあそぶ子どもを育てることにつながるといえるでしょう。

5　共有体験を経て理解しあう

――『エルマーのぼうけん』の道具づくりと探検あそび

エルマーの道具づくり

ここでとりあげるのは、物語『エルマーのぼうけん』(注)が大好きな5歳児クラスの子どもたちが、エルマーが冒険に持っていった道具を自分たちで作り、冒険を楽しんだ保育実践です。

『エルマーのぼうけん』で、子どもたちがいちばん好きな場面が、エルマーが機転をきかせ、さまざまな道具を使い危機を乗り越えていく場面でした。

子どもたちの中に、自分たちもエルマーのような冒険がしてみたい、という気持ちが高まっていることを感じた担任は、冒険に行くには何が必要か、子どもたちに聞いてみることにしました。すると子どもたちからは、本で見た、チューインガムやはブラシ、いろいろな色の7本のリボンなどがあげられます。こうして冒険のための道具づくりがはじまりました。

注：ルース・スタイルス・ガネット作／ルース・クリスマン・ガネット絵／わたなべしげお訳『エルマーのぼうけん』（福音館書店）

みかん島にいるエルマーを発見

子どもたちが最初に作ったのは、エルマーがゴリラにのみを見つけさせるためにわたした「むしめがね」でした。

ここで思いがけないことが起こります。

みんなで作ったむしめがねを使って「みかん島とどうぶつ島の地図」（『エルマーのぼうけん』の本の見返しに描かれているものです）を見ていた子どもが、「みかん島の木の下にエルマーがいる！」と、声をあげたのです。これには担任も驚いて、子どもたちといっしょに地図を見てみると、ほんとうにみかんの木の下にエルマーが寝ている姿が描かれているではありませんか。

自分たちで作ったむしめがねでエルマーを発見した経験は、道具が実際に「役に立つ」ことを子どもたちに認識させてくれました。こうして道具づくりは、冒険そのものへの期待へとつながっていきました。

道具づくりをとおして共有される登場人物の気持ち

粘土や紙といった素材を組み合わせて道具を作ることは、それほどかんたんな作業ではありません。

例えば、ライオンの毛をとかすための「くし」の材料として使った油粘土は、触っているうちにやわらかくなるため、しばらく使うと手元から柄が折れてしまいます。子どもたちは、「このくしでライオンの毛がとかせるかな」と、どうすればじょうぶなくしが作れるかを話し合いました。その結果、素材は油粘土ではなく紙粘土を使い、柄の部分は折れないようにボンドで補強するといった、工夫が生まれました。

エルマーが冒険に持っていった道具をすべて作った子どもたちは、ついに冒険にでかけることになります。

公園に行く途中で見つけた大きな石は、エルマーがみかん島からどうぶつ島にわたる岩（ぴょんぴょこいわ）として、公園の遊具はどうぶつ島の動物として、子どもたちの前にあらわれます。子どもたちはそれぞれの場面を、自分たちで作った道具を使って乗り越えていきました。

公園での冒険は子どもたちの印象に強く残り、その後も表現あそびとして続けられました。

ただし、この時点で、エルマーがりゅうを助けに行くという物語の筋書きと、自分たちが楽しんでいる冒険とを重ねて考えていた子どもは少なかったそうです。

　そこで担任は、「エルマーは、どんな気持ちで冒険していたと思う?」「動物はどんな気持ちだったのかな?」と、あらためて『エルマーのぼうけん』の物語をふり返り、登場する人や動物の気持ちに目を向けるよう、促しました。その結果、子どもたちのなかの冒険のイメージはより豊かなものになっていきました。

ミサトの姿

　当時、担任が気になっていた子どもにミサトがいました。ミサトは、自分の気持ちを表現するのが苦手な子どもでした。担任は、エルマーの世界を楽しむミサトの姿を見て、このあそびならミサトが自分の気持ちを仲間に伝えられるのではないか、と考えていたそうです。

　ある日、ミサトがエルマーになって冒険場面を表現していたとき、まわりの子どもたちが「とらがおなかがすいているときって、怒ってるやろうな」「こわいな」「ミサトちゃん、こわくなかった?」と聞くことがありました。するとミサトは、「ちょっとだけこわかったけど、ガムがあったから大丈夫やった」と答えます。それを聞いた子どもたちは、「えーそうなん。すごいな」と、ミサトが自分たちで作った「チューインガム」を心の支えにしていたことに驚くとともに、「ミサトちゃん(ジャングルの中を）歩いてるとき、木とか、草もよけてたな」「そうやな！　めっちゃよかった」と、ミサトが演じる姿を肯定的に受けとめていました。

仲間と作った「ガム」があったから、こわい場面を乗り越えることができたというミサトの言葉は、ともに道具づくりに取りくんだ仲間にとって、うれしいものであったにちがいありません。

道具づくりという共通経験は、あそびそのものの発展に寄与するだけでなく、子どもたちがたがいを理解しあう、共通の基盤をつくったといえます。

道具づくりという共通体験

子どもたちは道具づくりに取りくみながら、何度も物語に立ち返り、どんな動物と出会うのか、そのとき、どのようにして危機を乗り越えればいいのかを真剣に考え合いました。こうした過程は、物語をより深く理解することにつながっただけでなく、これから向かう冒険への期待を高めることにつながりました。

こうした共通の経験が土台となって、「ちょっとこわかったけど、ガムがあったから大丈夫やった」「えーそうなん。すごいな」と、仲間の思いに共感し合う関係がつくられていったことがわかります。

6 あこがれの気持ちが仲間をつなぐ
――葉っぱ集めと作品づくり

あこがれのもつ力

好きなものを集めるというのは、ものに対するあこがれに突き動かされた、純粋な行動といえます。子どもたちが集めるものには、おとなには取るに足らないものや、ちょっとやっかいなものもあります。ただし、そのあこがれが仲間や保育者、また保護者に受けとめられた先には、子どもたちの大きな育ちが待っています。

ここでは、それまであまり自分の思いを伝えることのなかったアユミがはじめた葉っぱ集めと、葉っぱを使った作品づくりに夢中になった、幼稚園5歳児クラスの子どもたちの姿をとりあげます。

一人のあこがれが仲間へと広がる姿や、そこで見られた子どもたちの育ちから、あこがれのもつ力や、あこがれが受けとめられることの意味について考えてみたいと思います。

集めた葉っぱで「図鑑」をつくる

アユミが葉っぱを集めはじめたのは、9月のことでした。それまでも、植物に興味をもつ姿は見られましたが、その日は、登園時に集めたたくさんの葉っぱを担任に見せ、その特徴を力説していました。

アユミはそれまで、夢中になって何かに取りくむといった姿は、あまり見られない子どもでした。気になる子、というわけではありませんでしたが、担任として、アユミがもっと自分がだせる活動を見つけたいと思っていました。そこで担任は、アユミが楽しむきっかけになればと、葉っぱを植物標本のように台紙に貼りつけてあそぶ方法を教えました。

標本といっても、台紙の上に葉っぱを広げ、隙間なくテープで貼りつけるかんたんなものです。乾燥した葉っぱはすぐにボロボロになってしまいますが、テープで表面をコーティングすると、長く形を留めておくことができます。それに台紙の上に葉っぱを置くと、普段は注意して見ることのない葉脈や、色づいた葉っぱがきれいに浮き立って見え、それだけで十分すてきな作品になります。

葉っぱを使った作品づくりは、仲間にも広がりました。はじめは1枚の紙に貼りつけていましたが、台紙の枚数が増えるにつれ、立派な標本集になります。同じ種類の葉っぱでも、大きさや、色づき方に違いがあり、葉っぱの種類にこだわってつくる子もいれば、形や色の美しさを追求する子もいます。いつの間にか、子どもたちの作品は「葉っぱ図鑑」と呼ばれ、クラスの定番のあそびになりました。

夏休み前に見られたアユミの変化

葉っぱ集めや作品づくりがはじまったのは2学期になってからですが、1学期の終わり、アユミの変化の兆しともいえる印象的なできごとがありました。

その日アユミは、脱皮に失敗したセミを園に持ってきました。担任が話を聞くと、登園途中に見つけたと言います。そこで、アユミはその日見つけたセミを、朝の会の中で発表することにしました。

「今日、幼稚園に来る途中で見つけたんだよ」と説明しながら、仲間にセミを見せていると、突然、死んでいると思っていたセミが鳴きだしたのです。

それまでまったく動く気配のなかったセミが鳴きはじめたものですから、保育者も子どももビックリです。子どもたちは、「セミが生きてる!」と大騒ぎになりました。

次の日もアユミはそのセミを（さすがに死んでしまっていましたが）虫かごに入れ、大切そうに持ってきました。セミの一件は家族でも話題になったらしく、週末には父親といっしょにセミとりに行く約束をした、ということをうれしそうに仲間に話していました。

このできごとが、直接葉っぱ集めにつながったかどうかはわかりませんが、アユミにとって、自分がおもしろいと思ったものを仲間や保育者、そして保護者に理解され、受けとめられることの喜びを感じる機会になったことは確かです。

作品づくりの広がりと、アユミの集めるあそび

葉っぱを使った作品は、葉っぱ図鑑だけではありませんでした。冬になると、イチョウの落ち葉をたくさん束ねてバラの花のようにする子どもや、葉っぱだけでなく枝や松ぼっくり、どんぐりを加えたおしゃれなブーケをつくる子もいました。

おもしろかったのは、同じ時期、アユミが葉っぱだけでなく、石や貝殻を集めては、次つぎと幼稚園に持ってくるようになったことです。筆者は毎週、この園に通っていたこともあり、アユミの道具箱の中に何がつまっているのか、楽しみにしていました。ある日、道具箱をのぞくとホタテ貝の殻がたくさん入っていたので、「これ、どうしたの？」と聞くと、笑顔で「おばあちゃんがくれた」と答えてくれました。同居していないおばあちゃんが、アユミをよろこばせようと、貝殻をとっておいてくれた姿が目に浮かびます。

こうしてアユミのコレクションは、保育者だけでなく、仲間や家族にも受けとめられるものになっていきました。

ナオの姿

葉っぱ集めと作品づくりに魅力を感じていた子どもの一人に、ナオがいました。ナオは、11月ごろから葉っぱ集めをはじめると、園庭に出ては落ち葉を集めるようになりました。ある日、年長クラスの子どもたちが収穫した大根の葉っぱが、たまたま教室に落ちているのを見つけたナオが、まわりにだれもいないことを確認し、そっと通園バッグにしまうことがありました。筆者が「それどうするの?」とたずねると、照れくさそうに「お家で図鑑にする」と言います。さすがにずっしりと重い大根の葉っぱを、幼稚園で図鑑にするのは気が引けたのでしょう。

12月、そんなナオとアユミが、大げんかをすることがありました。なかなか片づけをしないナオに、アユミが「はやく片づけて」と強く指摘したことが原因でした。「そんなに大きな声で言わないで」と泣きながら抗議するナオに、アユミも泣きながら言い返します。近くにいた男の子が、「なに仲良しケンカしてるんだよ」と言って場を和ませようとしていましたが、2人はますますヒートアップしていきます。これは2人に任せているだけでは解決しないと考えた担任が、2人の間に入って思いを聞くことで、ようやく気持ちの整理をつけることができました。

以前のアユミであれば、仲間が片づけをしないという状況自体、気にしなかった（目に入らなかった）ように思います。そんなアユミがナオの姿に目を向け、自分の気持ちを告げられた背景には、同じものに関心をもつ仲間であるという安心感があったからではないでしょうか。

口論のあとの2人のようすも印象的なものでした。あれだけケンカしていた2人が泣きやむと、机に向かい合って座り、笑顔で会話をしながら絵を描いていました。

受けとめられることで生まれる安心感

このエピソードは、子どものすてきだな、きれいだなと思う「あこがれ」の気持ちがだれかに受けとめられる、共感されることがいかに大切かを教えてくれます。

担任は、登園時に拾った葉っぱについて力説するアユミの姿に、今までになく強い思いを感じとり、それを仲間と共有できる「作品づくり」という形に高めたことで、アユミが仲間と関わるきっかけをつくりました。こうしてはじまった葉っぱ集めと作品づくりは、自分がおもしろいと感じたものやことが、仲間や保育者、場合によっては保護者に受け入れられるという、安心感の土台をつくりあげたといえます。

あらためてふり返ると、子どもたちが「ねえ、見て、見て」と、自分の大切なものや、作品を見せようとしているのに、つい「はいはい」と軽く受け流してしまうことのある自分に気づきます。「見て、見て」という言葉の中には、自分を認めてほしいという、子どもの大切な願いがつまっていることを忘れないようにしたいものです。

こうした子どもの声は、言葉が未熟な子どもなりの意見表明ということができます。「ねえ見て、これきれいでしょう」という子どもの声を受けとめることは、おとなの義務といえるのではないでしょうか。こうした声を大切な人に受けとめられることによって生まれる安心感が、将来、自分の言葉で自分の意見を表明する土台をつくると考えると、保育者や保護者がいかに大切な役割を担っているかがわかります。

7 非日常を共有する
——宿泊行事をとおして大きくなる

お泊り会ってなに？

3～5歳の縦割り保育をしている保育園での実践です。この園では、1クラス3人の保育者が担任をしており、夏になると４歳児は園内で１泊の「お泊り会」、５歳児は園外で２泊の「合宿」を行います。

その年の４歳児は９名。新型コロナウイルス感染症の流行下でしたが、保護者には、合宿やお泊り会は子どもたちにとって貴重な体験になること、安全な実施に向けて保育園としてできる限りの感染予防を行うことを説明し、納得してもらったうえで実施にふみきりました。

４歳児のお泊り会では、夕飯は自分たちでメニューを決めて作ってきました。お泊り会を前に、担任が「お泊り会で何を食べたい？」と聞くと、返ってきた答えは「ウナギ」や「マグロ」。どうやら子どもたちは、レストランのメニューを決めるくらいにしか考えていなかったようです。

子どもたちの提案が「現実ばなれ」しているのはなぜなのかを考えたとき、担任は、子どもたちといっしょに夕飯を作りたい、ということを伝えきれていなかったことに気づきます。

そこで「お泊り会の夕飯はみんなで作りたいんだけど、どんなものを作って食べたい？」と確認します。中には「えっ、自分たちで作るの？」と驚く子もいましたが（やはり子どもたちには伝わっていなかったようです）、子どもたちに夕飯づくりのイメージができてくると、カレーやハンバーグといった、これまで作ったことのあるメニューや、自分たちでも作れそうなメニューが提案されるようになりました。最終的には、衛生面も考慮しカレーライスづくりに決まりました。

お泊り会に向けてがんばるって？

例年、お泊り会を前に取りくんでいる活動の一つに「がんばり表」がありました。がんばり表とは、お泊り会に向けて自信をつけてほしいという思いからつくられたもので、子ども一人ひとりが自分の目標を立て、お泊り会の準備期間に家庭や園で取りくむというものです。

子どもたちが「早起きをする」とか、「苦手なものを食べる」といった目標を立てるなか、トモからはなかなか目標がでてきませんでした。担任が「トモちゃん。お泊り会に向けて何かがんばってみたいことある？」とたずねると、トモの答えは「何をがんばるの？」。

ここで担任は、トモが何のためにがんばり表をつくっているのか、その意味がわかっていないことに気づきます。子どもたちにとってお泊り会ははじめての経験です。「お泊り会に向けてがんばることを考えてみよう」と言われても、ピンとこない子がいるのも当然です。

子どもたちが、お泊り会を十分にイメージできていないことに気づいた担任は、お泊り会で何をするのか、ていねいに説明し直すことにしました。

お泊り会は何時にはじまるのか。夕食は何時に作るのか。作ったあとには散歩や花火もする。そして、お泊りの次の日の朝は何時に起きるのか。こうした説明をしていくことで、トモも「自分は早起きの練習をする！」と目標が見つかりました。

自分でスケジュールをコントロールするということ

家庭とは違う場所で、仲間や保育者と1日（あるいは数日）を過ごすお泊り会や合宿は、非日常を楽しみつつ、あくまでも保育の延長に位置づくものです。そういう点では、おとながお膳立てをして連れていく「旅行」とは、大きく異なります。

もちろん、夜の散歩のように「何が起きるかわからない」ことのおもしろさもありますが、あまりにも不確定要素が多いと、子どもたちは「次は何するの？」と、おとな任せになってしまいます。4、5歳にもなると、子どもたちは自分たちで計画を立て、それに従って生活することの楽しさを感じられるようになります。計画にがんじがらめになるのはよくありませんが、子どもたちが自分たちのお泊り会や合宿であると感じられるためには、そこで何をするのか、具体的なイメージをもっていることが大切になるでしょう。

ウナギやマグロといった「現実ばなれ」したメニューや、「何をがんばるの？」といったトモの疑問は、あらためて担任に、お泊り会の全体像がイメージできるようなていねいな説明が必要であることに気づかせてくれました。

これは、子どもたちに「自分たちのお泊り会」という意識を持たせることにもつながったといえるでしょう。

大きくなることが感じられるあそび

この時期、子どもたちが夢中になっていたのが「忍者」をテーマとしたあそびでした。『忍者図鑑』(注)を読み込んだ子どもたちにとって、忍者は空想の存在ではなく、自分たちが目指す「目標」になっていました。

その中でも忍者修行は、子どもたちが「大きくなる」ことが実感できるあそびであり、お泊り会に向けて、忍者になるにはどうすればよいかという点から、衣装づくりや修行に取りくんでいきました。

ところが、お泊り会の前日に、ちょっとした事件が起こります。トモが急に「お泊り会に行きたくない」と言いはじめたのです。原因は、5歳児のセイジが「お泊り会に行くと、忍者のワナがあるかもしれないよ」と言ったことでした。じつは前の年、お泊り会で肝試しがありました。当時をふり返った担任も「去年はちょっとこわがらせすぎました……」というように、セイジもかなり強く記憶に残っていたようです。

そうした経験もあり、セイジは今年も何か「こわい」ことがあるのではないかと思い、トモに「ワナがあるかも」と伝えたようです。

保育者たちは、「前日に困ったなぁ……」と思っていたそうですが、いっしょにお泊り会をする4歳児からは、「みんながいるから大丈夫！」。昨年を経験している5歳児からも「おれたちも大丈夫だったから、大丈夫！」と、はげましの言葉がかけられます。はじめは不安そうなトモでしたが、「まあそう（大丈夫）なんだけどね」と、気持ちを切り替えることができました。

注：黒井宏光・著／長谷川義史・絵『忍者図鑑』（ブロンズ新社）

大きくなろうとする子どもたち

お泊り会当日、夕飯づくりの際にトモの包丁さばきが心配になり、担任が手を貸そうとしたときのことです。トモは担任に向かって、「もう、どうしてわたし一人に任せてくれないの。わたし、もう小さくないんだから！」と怒ったのです。

子どもの自立の気持ちを大切にしたいと思いつつ、刃物の使用については口をださないわけにはいきません。ただ、おとなが「心配」した表情をしていると、子どもは「信頼されていない」と受けとめかねません。担任は当時をふり返り、先ほどの忍者の一件を乗り越えて、大きくなろうとしているトモの気持ちをもっと大切にしてあげるべきだったと反省しつつ、「わたし、もう小さくないんだから！」と言ったトモの成長に驚いたといいます。

大きくなるとは、自分たちの未来を肯定すること

当日の夕方、子どもたちと保育園のまわりをお散歩することにしました。保育園からしばらく歩くと、パートさんのお家があります。せっかく近くに来たからと、４歳児のみんなであいさつをしに行くことにしました。パートさんが家から出てくると子どもたちは、「今日はお泊り会なんだ！」「保育園で寝るの！」「お家に帰らないんだよ！」と、誇らしげに報告します。

散歩の途中、夕焼けの中に富士山が見える歩道橋の上で、のんびりと富士山を眺めていたとき、アイが「大きくなったら、みんなで富士山に登りたいね」とつぶやきました。

アイのつぶやきは、子どもたちにとって、大きくなるということがどのような意味をもつのかをよく表しているように思います。自分たちはまだ、富士山に登れるほどの力はないけれど、これからもっと大きくなれる気がする。子どもたちにそんな将来への期待をもたせてくれたのが、お泊り会でした。

大きくなるということは、単に何かができるようになることを意味しているわけで

はなく、子どもたちが自分の、あるいは自分たちの未来を肯定できる、ということなのかもしれません。

3章

「子どもとつくる」という視点

保育者が型どおりのあそび方を「押し付け」てしまうと、子どもはおとなの要求に合わせるか、反発するしかなくなります。反発してくれればまだよいのですが、悩ましいのはおとなにお付き合いしてくれる子どもです。そうした子どもがいることで、表面上の秩序は保たれるため、おとなの側も問題に気づきながら、子どものお付き合いに甘えてしまうことがあります。

一方で、子どもの「後追い」をしているだけでは、あそびは深まりません。こうした押し付けと、後追いの対立を乗り越えるうえで大切にしたいのが、「子どもとつくる」という視点です。

もちろん、子どもとつくるといっても、いっしょに制作物を作るといった（もちろん、そうしたことも一部には含まれますが）、具体的な援助としてあらわれるものだけに限りません。むしろ、保育者が自身の関わりをふり返り、問い直すという信念のレベルで機能することのほうが多いように思います。子どもたちが今、何をおもしろがっているのかを捉える共感的なまなざし、そして子どもたちが経験しているおもしろさをさらに深めていくための関わりのなかに、溶け込んでいるといってもよいでしょう。

ここでは子どもとつくるとはどのようなことなのか、いくつかのエピソードをもとに考えてみたいと思います。

1　子どもと正面から向き合う

――新しい宿泊行事のあり方を模索した保育者たち

スケジュールを白紙にもどす

　この保育者の園では縦割り保育を取り入れており、４歳児と５歳児は同じクラスで生活をしています。

　最年長となる４・５歳児クラスでは、例年、春から夏にかけてファンタジーを取り入れたあそびに取りくんできました。５月末には、子どもたちが共通のイメージをもてるテーマを選び、夏の合宿ではファンタジーの世界を楽しむことが、毎年の恒例となっていたそうです。

　前年度、この保育者はリーダーとして４・５歳児クラスを担当することになりました。春先、自分のことで精一杯の子どもたちを見て、担任としてクラスの気持ちを一つにできるのだろうかと、不安でいっぱいだったそうです。そしてその不安は現実のものとなります。

合宿が近づいても、一向にテーマが決まらず、これならうまくいくかもと期待して取りくんだ絵本『でた！　かっぱおやじ』(注)を題材としたやりとりも、思ったほど盛り上がりませんでした。

ここで保育者がテーマを決めてしまえば、合宿には間に合うかもしれません。でも、それはほんとうに子どもが求めるあそびといえるのか。同僚保育者と何度も相談を重ねた結果、スケジュールをいったん白紙にもどすことにしたそうです。若い保育者にとって、園でこれまで続けてきた取りくみをやめるということは、とても重い決断だったと思います。

注：安曇幸子、伊野緑、吉田裕子／作絵『でた！　かっぱおやじ』（サンパティック・カフェ）

おとなの思いを押し付けたくない

ファンタジーの世界を楽しむには、生活の中に豊かな物語が位置づいている必要があります。それは絵本の読み聞かせかもしれませんし、保育者の素話かもしれません。また子どもの想像をかき立てるあそび環境も大切でしょう。こうしたファンタジーの種を蒔くことで、いつか子どもの想像性が花開く時がくるのです。

ただし、あそびはだれかに押し付けられてするものではありません。子どもが自ら気持ちを向けることではじめて成立するものです。子どもはあそびたいからあそぶ、といってもよいでしょう。こうした子どもの気持ちは、おとなのつごうでどうなるものでもありません。花の開くタイミングは、子どもに任せるしかないのです。

そうした意味では、このまま例年と同じ取りくみをしても、子どもたちにとっては、おとなに押し付けられた経験にしかならないと考え、スケジュールを白紙にもどした保育者の判断は、適切なものだったといえるでしょう。

生きものとの関わり

あらためて、子どもの興味に寄り添うことからはじめようと、保育者が注目したのは、子どもたちが小さい頃から親しんできた、虫をはじめとした「生きもの」との関わりでした。

自然に恵まれた環境にあるこの保育園の子どもたちは、小さい頃からバッタやチョウといった虫や、メダカやザリガニといった水辺の生きものをつかまえて楽しんでいました。

春先、クラスで、つかまえたザリガニやカエルの足を引っぱって死なせてしまうこと、虫をたくさんつかまえても世話をせず、虫かごの中に放っておくことが続きました。

そのときのようすを、保育者は、「子どもたちは、目の前にいる生きものをつかまえる対象としてしか見ていなかった」と話しています。保育者は、いくら「生きものの命を大切にしなさい」と言ったところで、今の子どもたちの心には響かないだろうと考え、しばらくようすを見ることにしたそうです。

図鑑と現実世界との往復を楽しむ

そうしたなか、「図鑑」との出会いをきっかけに、子どもたちに少しずつ変化が生まれました。教室には以前から、虫をはじめさまざまな生きものの図鑑が置かれ、これまでも、そうした図鑑に興味をもつ子どもはいました。ただし、自分たちがつかまえた生きものと、図鑑にでてくる生きものとをつなげて見るような子どもはおらず、図鑑と実物とはまったく別のものとして捉えているようでした。

ところが夏を過ぎた頃から、自分がとった虫がどんな場所にすんでいるのか、また、エサは何を食べているのかといったことを図鑑で調べる子どもがでてきました。

図鑑には、ふだん子どもたちが目にすることのない生きものの生活が描かれています。カブトムシであれば、さなぎになるまでの幼虫がたくさんの落ち葉（腐葉土）を食べて育つこと、さなぎになると突然「角（ツノ）」が生えること（実際には、幼虫の段階ですでに折りたたまれた角の基になる構造があるそうです）など、土の下の世界で起きていることを知ることができます。

こうした目の前にいる虫のことをもっと知りたい、という子どもたちの願いをかなえてくれたのが図鑑でした。

ある日、カブトムシのエサとしてクヌギの木が紹介されているページを見た子どもから、「バッタがいたところの葉っぱだ！」という言葉が聞かれました。

昆虫図鑑を好んで読む子どもに、カブトムシって何を食べるか知ってる？　と聞けば、多くの子どもがクヌギの名前をだすことでしょう。一方、この「バッタがいたところの葉っぱだ！」という言葉には、カブトムシのエサがクヌギの樹液であるといった一般的な知識を超えて、自分たちがよくバッタをとっている場所にある「あの木」がエサになるということを知った驚きが込められています。それは、目の前にいるカブトムシが、自分たちと重なり合うところで生活しているということに気づいた瞬間ともいえます。

こうして子どもたちは、生きものの知識を吸収しながら、つかまえた生きものを飼うことも楽しむようになりました。

虫のことを伝えたいという子どもたちの思い

生きものとの関わりを深めていくなかで、子どもたちの中に、自分たちの知っていることをみんなに伝えたいという気持ちが芽生えます。

秋になり、運動会を前に、4・5歳児クラスで入場門の装飾をすることになりました。どんな門を作りたいか話し合うなかで、子どもたちからでてきた意見は、「虫（を描いた門）を作りたい」というものでした。虫とりをくり返し、虫の生態にも詳しくなった子どもたちは、自分たちが楽しんだ虫の世界をほかの子どもや、保護者に伝えたいという思いをもつようになったようです。

入場門の飾りを作るなかで子どもたちがこだわったのが、リアルに描くということでした。子どもたちは色を塗りながら、わからなくなると外にでて虫をつかまえては、羽根や足の細部まで実物に近づけられるように、ていねいに描きました。

当時、子どもたちが描いたカブトムシの絵を見せてもらいましたが、足のツメやトゲの一つひとつがとてもていねいに描かれていました。子どもたちがカブトムシを虫網や虫かごから引き離すときに苦労した経験が、こうした細部への気づきにつながったと考えられます。

自分たちが夢中になった虫について、みんなに伝えたいという願いをもった子どもたちは、あらためてていねいに見る対象として、そして表現する対象として、虫と出会い直したといえます。

虫に対する関わりの変化

つかまえることに夢中になっている子どもが、つかまえたあとのことを考えるのはとても難しいことです。つかまえた虫を放置し死なせてしまった子どもたちは、つかまえたことで満足してしまい、あとのことは考えられなかったのでしょう。

ただしばらくすると、そんな子どもたちの虫のあつかい方に、変化が生まれました。例えば、虫かごに入れるのは飼える数だけにして、そのほかは逃がすといった姿が見られるようになりました。また、年下の子どもたちに虫の捕り方を教える際、「ちゃんと逃がすんだよ」というところまで伝えるようになりました。

以前は虫を乱暴にあつかって死なせてしまうことの多かったカイトにも変化がありました。

ある日、数名の1歳児が、5歳児たちが虫をつかまえる姿を興味ぶかそうに見ていたそうです。その姿に気がついたカイトは、つかまえたチョウを子どもたちに見せながら、「ほら、こうやってやさしくつかまえるんだよ、見るだけね」と伝えていたそうです。

カイトに、当初保育者が目指したような、生きものを大切にするという価値観が生まれたかどうかはわかりません。ただし、当初は、自分たちの欲求を満たすだけのものであった虫への認識に、生きている虫をどのようにあつかうかという新しい視点が加わったことは、とても大きな変化だったといえます。

目の前の世界と関わってほしい

保育に図鑑を取り入れることについては、さまざまな意見があります。図鑑というのは視覚的な刺激がとても強く、一日中、図鑑ばかり眺めているような子どもがいることも事実です。こうした子どもの姿を見たとき、図鑑ばかり読んでいては、幼児期に楽しんでほしい物語や絵本を楽しむことができなくなるのではないか、と心配になることも理解できます。

一方、この事例で子どもたちは、図鑑をとおして得た知識を自分の身のまわりの世界にあてはめ、より一層、生きものとの関わりを深めていきました。

こうしたことは、ここで取りあげたような、環境に恵まれた園に限ったものではありません。それは、小さな園庭にすむダンゴムシの世界かもしれませんし、教室の中で飼っているザリガニの世界かもしれません。図鑑は知識を増やすということだけでなく、自然を身近に感じる媒体として生かすことができるということを、この事例は教えてくれています。

また先にも触れましたが、子どもたちがカブトムシに対する鋭い観察眼を身につけた背景には、子どもたちがくり返し、虫とりを楽しんだ経験がありました。

当初、子どもたちの虫のあつかいに不安を感じつつ、今伝えても響かないだろうと考え、子どもたちの虫とりを見守るという判断が、子どもたちが虫の世界に思いをめぐらせるための、土台をつくったと考えられます。おとなはどうしても先に結論を伝えたくなるものです。そこをちょっと我慢して、子どもたちがあそび込むまで待つことの大切さを学んだ実践でした。

2 「やってみよう」の気持ちを育てる

——ダンゴムシへの興味から広がるあそび

ダンゴムシの歩き方

交替性転向反応と聞いてなんだかわかる人は、かなりの生きもの博士といえるでしょう。

じつはこれ、ダンゴムシをはじめとする無脊椎動物に多く見られる動きの特徴で、分かれ道にさしかかったとき、はじめにある方向に曲がると、次の分かれ道では高確率で反対方向に曲がる、向きを変える性質のことをいうんだそうです(注1)。

保育者の高見さんは、図鑑で紹介されていたダンゴムシの交替性転向反応（以下では「ダンゴムシの歩き方」とします）を見て、「これ、ほんとうかな？」と興味をもった子どものつぶやきをきっかけに、ダンゴムシとの関わりを深めていった4歳児たちの姿を報告しています(注2)。

図鑑には、ダンゴムシの歩き方とともに、この歩き方を確かめることのできるダンゴムシの迷路が紹介されていました。この迷路とは、ダンゴムシが通れるくらいの間隔をあけてモザイク状に積木を並べることで、ダンゴムシが積木と積木との間を右に左に曲がって歩く姿を観察することができるというものです。ダンゴムシの動きを先読みして迷路を作れば、ダンゴムシがすいすいと、ストレートに出口に向かって歩いていく姿が観察できるという、興味深い実験です。

「積木の間を通るんだって」「えー、やってみたい！」と、興味津々の子どもたちの言葉を聞いて、高見さんは「じゃあ、やってみよう！」と、子どもたちとともにダンゴムシの迷路を作ることにしました。

注1：川合隆嗣「オカダンゴムシの交替性転向反応―通路長・転向方向・転向回数の効果」（『関西学院大学人文論究』第60巻3号　113〜125頁　2010年）

注2：高見亮平「ダンゴムシ研究員となった子どもたち（四歳児）」（『文学で育ちあう子どもたち―

絵本・あそび・劇』保育問題研究シリーズ　新読書社）

「じゃあ、やってみよう！」の精神

高見さんがこのクラスを受け持った当初、子どもたちからは何かをやってみたい！といった言葉があまり聞かれなかったそうです。どんなことにも積極的に取りくむ姿勢というのは、かんたんには身につくものではありません。そこで高見さんは、ちょっとした子どものつぶやきを逃さず、それをクラスで実現させる、ということを意識して関わっていきました。

例えば、休日に家族で、保育園からちょっと離れた公園にあそびにいった、という話を聞けば、「じゃあ、みんなで行っちゃおう！」と、早速、散歩に出かけるようにしたそうです。ふだんの散歩先ではないため、子どもたちからは「え？　そんな遠くまで行けるの？」という反応もあったそうです。

高見さんは当時の子どもの反応をふり返り、子どもたちは知らず知らずのうちに、「保育園でできることは、こんなこと」という、枠をつくっているようだったといいます。高見さんが目指したのは、こうした子どもたちが無意識のうちにつくっていた枠を取りはらうことでした。

こうした関わりをくり返すなかで、子どもたちから、「こんなこともやってみたい」

「あんなこともやってみたい」といった要望がだされるようになります。もちろん、実現できることには限度がありますが、高見さんの「じゃあ、やってみよう！」の精神は、徐々に子どもたちの中に浸透していったといいます。

ダンゴムシの飼育活動

そんな中で取りくんだのが、ダンゴムシの迷路づくりでした。積木が汚れるのがイヤだという子どもがいたため（このあたりが現代っ子）、割り箸を使って迷路を作ることになったそうですが、ちょっと作ってはダンゴムシを歩かせてみることをくり返す姿は、真剣そのものだったといいます。

迷路を作るなかで、ダンゴムシにも足の速い個体と、そうでない個体がいることに気がついた子どもたちは、ダンゴムシの足の速さを競争させはじめます。ぼくのダンゴムシが速い、わたしのダンゴムシはもっと速いと、子どもたちの中に「自分のダンゴムシ」という感覚が生まれてきたことを感じた高見さんは、子どもたちに一人1匹、自分の飼育ケースを用意してダンゴムシを飼ってみることを提案します。

子どもたちは家からダンゴムシのエサになりそうな食材を持ってきては、飼育ケースに入れ、どのエサをよく食べるのかじっくりと観察していたそうです。子どもたちの中には、保育園の図鑑で調べるだけではあきたらず、図書館でダンゴムシについて調べてくる子どももいて、それならとクラスで図書館にいって調べたこともあったそうです。

子どもたちのダンゴムシへの探究心はとどまることなく、ついには教室の一角に「生きもの研究室」がつくられることになるのですが、くわしくは80ページに紹介している書籍を読んでいただければと思います。

絵本との出会い

目の前に生きる、リアルな対象としてダンゴムシと関わってきた子どもたちが、絵本の世界のダンゴムシをどのように受けとめていくのか興味をもった高見さんは、9月を「ダンゴムシ絵本月間」とし、毎日1冊ずつ、午睡前の時間をつかって、子どもたちとダンゴムシの絵本を読むことにしました。合計すると、なんと14冊（ダンゴムシの絵本って、こんなにもあるんですね！）。これまで読んだことのない本も、ある本も、子どもたちは毎日、熱心に聞いていたそうです。

そして最後の日に読まれたのは、『ダンゴムシのコロリンコくん』(注)。丸まったままじっとしているのが苦手なダンゴムシのコロリンコくんと、その家族の姿を描いたお話です。子どもたちはお話を聞きながら、次はこうなる、ああなると、こそこそと話をしていたそうです。するとある子どもが、突然、ダンゴムシのようにコロンと身体を丸めました。子どもがダンゴムシの世界に入った瞬間だと感じた高見さんは、一人ひとりの名前の後に「〇〇ダンゴムシ」とくっつけて呼んでみると、子どもたちは次つぎに丸まっていきます。

注：カズコ・G・ストーン文絵『ダンゴムシのコロリンコくん』（岩波書店）

ダンゴムシごっこのはじまり

絵本を読み終えたところで、ふだんであれば子どもたちと感想を言い合ったりするところですが、子どもたちを現実の世界に引きもどしてはいけないと考えた高見さんは、間髪入れず「よし！　移動開始だ！」と、ダンゴムシになった子どもたちと、園内の散歩をはじめます。

すると子どもたちは、押し入れからシーツを引っぱりだし、机の下にダンゴムシの家を作りはじめます。ピアノは大きな岩になり、ボールや風船はダンゴムシのエサになりました。これまで大切に育ててきたダンゴムシの世界（リアルな世界）と、ダンゴムシのコロリンコくんの世界（絵本の世界）とが重なったことで、子どもたちの表現への意欲が高まったといえるでしょう。

そんなあそびが数日続き、高見さんは少しあそびに変化をもたせようと、ダンゴムシごっこをしている子どもたちに、「危ない！　カラスが来た！」と声をかけてみたそうです。ダンゴムシのコロリンコくんにでてくる「カーカーガー」というカラスを思い浮かべたのかどうかはわかりませんが、ダンゴムシになって歩いていた子どもたちは瞬時に丸くなり、シーっと静かになります。高見さんが「よかったね、カラスはいなくなりました」というと、一同ほっとして、またダンゴムシの日常にもどります。

その後は、「カラスが来た！　カマキリがいる！」という言葉に対して、「今は冬、冬眠するからタッチできない」「メスは卵がある場合があるからやさしくつかまえる」と、ダンゴムシの生態をもとにした、「ダンゴムシオニごっこ」が展開したそうです。

子どもの反応を楽しみつつ、おもしろさを発展させる援助

ダンゴムシの歩き方に興味をもった子どもから発せられた、「これ、ほんとうかな？」というつぶやきは、保育者がふだんの生活の中で大切にしてきた、「じゃあ、やってみよう！」精神の後押しによって、「事実かどうか確かめる」というおもしろさへと高められました。

それは、子どもの興味を個人の中で解消するのではなく、みんなで確かめることによって、集団の興味へと高めていく関わりであったといえます。

こうした保育者の後押しによって、子どもたちはさまざまな体験をしていきました。ダンゴムシの迷路づくり、ダンゴムシの足の速さ競争、そしてダンゴムシの飼育活動

といった、子どもたちの共通体験があったからこそ、一人の子どもがダンゴムシになったとき、ほかの子どもたちもすぐにそのおもしろさに共感できたといえます。

また、この実践は保育者もいっしょになってダンゴムシの世界を楽しみつつ、大切なところでは、子どもからの発信を適確に拾っているところにも特徴があります。クラスの本棚に図鑑をそろえつつ、子どもたちからの発信を待っていたからこそ、「これ、ほんとうかな?」というつぶやきを逃さずキャッチすることができたといえます。絵本を読むなかで、思わずコロンと丸くなった瞬間を捉えることができたのも、いつか子どもたちがおもしろい姿を見せたときには、それを逃すことなくあそびにつなごうと考えていたからこそといえます。

このように、子どもの反応を楽しみつつ、子どもからの発信を捉えたうえで、さらなるおもしろさへと発展させていくことは、あそびを育てる保育者の大切な役割といえます。

保護者と楽しむ保育

ここでは、図鑑をとおしてダンゴムシの特徴的な歩き方に興味をもった子どもたちが、ダンゴムシの迷路づくりや飼育活動をとおして、ダンゴムシの生態についての知識をたくわえ、さらにはファンタジーの世界でもダンゴムシを楽しむまでになった実践を紹介しました。

子どもたちがダンゴムシの世界に夢中になった背景には、少なからず家庭の協力がありました。例えば、保育園でダンゴムシの飼育をする際、子どもたちは家からダンゴムシのエサになる食べものを持ってきては飼育箱に入れ、食べるようすを観察していました。

こうした子どもたちの姿は、通信や毎日の送り迎えの際に保護者にフィードバックされていました。また、保育園の図鑑ではものたりなくなり、保護者といっしょに地域の図書館を訪れ、ダンゴムシについて調べる子もいました。子どもたちがダンゴムシの世界に夢中になった背景には、こうした保護者の存在が不可欠だったことがわかります。

保護者との協力関係が豊かな保育実践につながるケースがある一方、子どもの姿を伝えても、保育者が期待するようには受けとめてもらえない、あるいは保育そのものに関心をもってもらえないということは少なくありません。

きびしい社会状況のもとで子どもの心に寄り添うゆとりがもてない保護者が増えるなか、保育者と保護者が「同じ目線」で、子どもの姿を喜びあえる関係をどのようにつくるのか、これはあそびに限らず、子どもの育ちそのものを保障するうえで重要な課題となっています。

3 子どもにとっての必然性
——自分たちのリレーをつくる

子どもとつくるリレー

運動会を代表する競技の一つに、リレーがあります。バトンをつなぎ、抜きつ、抜かれつしながらゴールを目指すリレーは、運動会の花形競技です。

リレーの結果は、単純に足の速さで決まるのではなく、チームの組み合わせや、走る順番によっても大きく左右されます。だれとだれが同じチームになるか、またどの順番で走るか、仲間と話し合いながら進めていくことは、リレーのおもしろさといえます。

次に紹介する幼稚園では、毎年、運動会の季節になると、クラスのあそびとしてリレーに取りくんできました。

毎年の取りくみですので、年長児になると、子どもなりにリレーのイメージや、リレーとはどのようなものかといった知識をもっています。保育者は、こうした子どものイメージや知識を土台に、子どもたちと、リレーをつくっていくといいます。

リレーってどんなもの？

これまでにも、年長児がリレーをするそばで、リレーごっこのようにあそんだり、レーンの内側をいっしょに走ったりする子どもはいましたが、カリキュラムに位置づけられた活動としてクラス全体でリレーに取りくんだのは、年長クラスの2学期がはじめてでした。

保育者はまず、子どもたちがリレーについてどのような知識をもっているのか、「リレーのことで知っていることを教えて」とたずねます。子どもたちからは、棒（バトン）を持って走る、チームの全員が走り終わったら終わりになる、まるいところを走る、といったリレーについてそれぞれがもっている知識がだされます。

そこで保育者は、子どもたちからだされた点を確認したうえで、自由にチームを組んでみるよう伝えました。

すると、まっ先に動いたのは、クラスのリーダー的な男の子たちでした。「おれたちいっしょのチーム！」と7、8人が集まって、男の子チームができあがりました。次は、男の子と女の子の混合チーム。そして、最後にできたのは、チーム決めの波に乗れなかった子どもたち4、5名を保育者が集めた、ちょっと言葉は悪いですが寄せ集めチーム。

ヨーイドンで走りだすと、やはり足の速さは男の子チームが1番でした。ところが結果は最下位。いちばん遅いと思われた寄せ集めチームが1番になり、大喜びしています。いくら足が速くても、人数がこれだけ違っていると勝てるはずはありません。男の子チームの子どもたちは、はじめ、自分たちがなぜ負けたのかよくわからないようでしたが、しばらくすると「ずるい！　人数が違うんだもん」と、最下位になった理由に気づきます。

子どもたちがイメージしていたリレーからはじめ、矛盾が見えてきたところで、それを子どもたちといっしょに、新しいルールとして確認していく。こうしたプロセスを大切にしていた保育者は、子どもたちが「人数をそろえなければ勝負にならない」ことに気づくことが大切だと考え、チームによって人数に違いがあることに気づいていても、あえて同じ人数でチームを組むということは伝えませんでした。

線の中を走っちゃダメなの？

ある日、アキヒロが、前を走るチハルに「線の内側を走っていた！」と抗議することがありました。チハルに聞くと、前を走っている子に追いついてしまったため、しかたなく内側を走ったとのこと。2人のやりとりを見ていた子どもたちからも、「そういえばフウカちゃんも前に、ピューンって中に入っていた」と、線の内側を走る子どもの「目撃情報」がよせられます。

ここで保育者が、線の内側に入ってはいけない、というルールを伝えることはかんたんです。ただ、保育者としては、前の子を抜かすのに苦労するということは多くの子どもが経験する状況であり、もう少し子どもたちの意見を聞いてから、納得できるポイントを探してみたいと考えていました。そこで、その日はいったんあそびを終え、翌日、あらためて話し合うことにしました。

次の日の話し合いで、保育者が意識したのが、線の内側を走ることの是非を問うのではなく、どうやって前の人を追い越すかという、走り方の工夫として話し合うということでした。線の内側を走ってもいいかという聞き方をすると、子どもたちは常識的に「それはだめだ」と答えることでしょう。一方で、どうやって追い越せばいいかということを軸に話し合うことで、結果的に線の内側を走ってはいけないというルールができたとしても、子どもたちの中に走り方の工夫が生まれます。

こうして行われた話し合いでは、子どもたちから「線と走っている人との間をすり抜けるように追い越せばいい」「一人ひとりの走るレーンを決めればいい」「それだと外側を走る人がたくさん走らないといけない」など、さまざまな意見がだされました。

最終的に子どもたちが納得したのは、意外にも「中に入っても、すぐにもどればいい」という意見。おとなからすれば「え？　それでいいの？」と思いますが、もし早くゴールに着きたくて、線の内側を走る子どもがでてきたら、そこであらためてルールを考えればいいわけです。目の前の問題を解決しながら、あそびを進めていくという、子どもとつくるあそびの基本ともいえる姿があらわれた場面でした。

4　子どもにとっての安心できるあそび
――縫いものとリレーを往復する子どもたち

自信のないサトシ

幼児のリレーを見ていると、子どもが全力で走るというのが、おとなが考える以上に難しいことがわかります。5歳児クラスの2学期、3学期と、クラスのあそびとしてリレーが定着するなか、サトシは緊張するとふらふらとした走り方になり、まわりの子どもたちから「サトシくんが力をださないから負けた！」と批判されることがありました。サトシも自分が緊張しやすく、それが走り方にあらわれることがわかっており、保育者が「どきどきしちゃうんだよね」と言うと、うんうんとうなずいていたそうです。

それでもサトシは、リレーがはじまると自分から仲間に加わり、走る順番についても「○○ちゃんは足が速いから、最初がいいんじゃない？」と、積極的に話し合いに加わっていました。ただしアンカーをだれにするかといった話になると、「ぼくは足が速くないから」と、ためらう姿が見られました。

サトシはリレーを楽しめていたのだろうか、そんなことを考えながら保育者が当時の記録をふり返るなかで見えてきたのが、リレーと縫いものというまったく異なるタイプのあそびを行き来しながら楽しんでいるサトシの姿でした。

リレーと同時期に広がった縫いもの

この幼稚園では、クラスの仲間に見せたいものや、伝えたいことがある場合、みんなの前で発表する「伝える時間」があります。例えば、新しいコマの技ができるようになった子が、みんなの前で回して見せたり（そういうときに限って、失敗することも多いのですが）、登園途中で見つけた虫を見せたりする子もいます。仲間が夢中になっていることを交流するこの時間をきっかけに、子どもたちのあそびが広がることも多く、伝える時間はこの園で大切にされてきました。

9月のある日、伝える時間に、ユミコが、フェルトで作ったおにぎりを紹介しました。家で母親といっしょに作ったら、とても上手にできたからみんなに見せたかった、といいます。針を使った縫いものなど、ほとんどの子どもが経験したことがありません。そのため、フェルト細工は、多くの仲間から注目されることになりました。

ペンダントづくりがはじまる

フェルト細工に興味をもった子どもたちからは、早速、自分も作ってみたい！　と声があがりました。園内で相談した結果、保育者が見ている範囲で行うのであれば問題はないだろうということになりました。ちょうど数年前、近所の裁縫店が閉店するからと、幼稚園にたくさんの布を寄贈してくれていたこともあり、さっそく翌日から取りくむことができました。

子どもたちが最初に作ったのが、フェルトのペンダントでした。切ったフェルトを重ねて縫い合わせるフェルト細工は、紙制作にはない質感や立体感をだすことができます。また、針を使った作業では、ふだんあまり目立たない子が器用さを発揮したりして、仲間の新しい一面を知る機会にもなりました。

そんなある日、縫いものに熱中していたアヤコとヒロコの2人が、伝える時間に「エイサーの衣装を作るから、みんなも手伝って」と仲間を集めることがありました。担任が事情を聞くと、「(3歳児が)エイサーの衣装がなくて困っていたから、わたしたちが縫ってあげるって約束してきた」と言うのです。

この幼稚園は、同じ敷地に小学校が隣接しており、運動会の季節になると小学校からエイサーの演奏が聞こえ、幼児の園舎からも、小学生がエイサーを踊る姿が見えます。こうした小学生の姿に憧れた3歳児たちが、自分たちも踊ってみたいとエイサーごっこをはじめたのですが、幼児用の衣装が数着しかなく、衣装の取りあいになっていたのだそうです。

そこに通りかかったのが、アヤコとヒロコでした。2人は衣装を取りあう3歳児たちに、「わたしたち、縫いもの得意だから縫ってきてあげる」と約束し、意気揚々と帰ってきたわけですが、衣装のように大きなものを縫ったこともなければ、クラス全員分の衣装を縫う約束をしたものですから、人手もたりません。そこで衣装づくりに協力してくれる仲間を募集した、と言うのです。

保育者は、はたして縫い終わるのか不安もあったそうですが、2人の呼びかけに、数名の子どもから「自分もやりたい!」という声があがったため、翌日から衣装づくりをはじめました。

縫いものに夢中になるサトシ

サトシには3歳児クラスに弟がいました。弟たちがエイサーごっこをはじめると、サトシも教室からでてきて、そのようすを眺めていることも多かったそうですが、2人がはじめたエイサーの衣装づくりには加わりませんでした。上手く縫えるか不安もあったようで、弟から「おにいちゃんも（衣装を）縫ってよ」と言われても、「手間がかかる（からやらない）」などと言って、拒否をしていました。

ところがある日、「ぼくもやってみようかな」と言って縫いはじめると、思いのほか上達が早く、そこからは毎日夢中になって縫いものをするようになったそうです。

エイサーの衣装を縫いあげた子どもたちが、次に取りくんだのはポシェットづくりでした。子どもが作ったポシェットを職場に持っていくお父さんもいたりして、子どもたちもだれかのために作るということの楽しさを感じていたようです。さらには、エイサーの衣装を縫ってもらった3歳児が、今度は荒馬の衣装を縫ってほしいと5歳児クラスにお願いに来ることもありました。

リレーと縫いものを移動する子どもたち

そうしたなか、サトシだけでなく、何人かの子どもたちがリレーと縫いものとを往復する姿が見られました。保育者は「さっきまですごいスピードで走りまわっていた子たちが、突然『さ、やるか』と縫いものをはじめたり、いっしょに（リレーを）やっていた子から『もうやめたの?!』と責められて、『ちがうちがう、ちょっと休憩』と苦笑いをしていた」と記録しています。

サトシはリレーがいやだから、縫いものをしていたのでしょうか？　保育者に当時のことをたずねると、サトシがリレーについて話している姿は楽しそうだったことから、縫いものが「逃げ場」になっているようには見えなかったといいます。

もちろん、途中から仲間がいなくなった子どもたちからすれば迷惑な話ですが、子どもたちにとってリレーも縫いものも、それぞれに魅力的なあそびであり、子どもたちはその時々で、自分のやりたいあそびを選択していたといえます。

私たちが無意識に引く「あそびの境界」

同じ時期、クラスにはリレーや縫いものだけでなく、劇あそびや虫かごづくりといった、たくさんの魅力的なあそびが存在し、子どもたちはリレーを含め自分の好きなあそびを選び取りながら楽しんでいました。

担任は、「それぞれに得意分野があり、いろいろな活動が同時期に存在することで、子ども同士が相手のことを多面的に見られたり、自分自身も自分のいろいろな面に出合えたりすることがよかったのではないか」とふり返っています。

運動会の時期、サトシが楽しめるあそびとして縫いものがあったことで、手先の器用な自分、弟たちのために衣装を縫ってあげる自分、といった異なる自分の姿に触れられる機会があったことがわかります。

もしサトシの前にリレーしかなかったとすれば、その時間はとても息苦しいものになっていたことでしょう。緊張するとうまく走れなくなる自分に向き合うことが苦しく、参加を拒否するようになっていたかもしれません。こうした多様な自分に出合うことができたからこそ、ちょっと苦手なリレーも、サトシなりに楽しむことができたのではないでしょうか。

行事が近づくと、保育者はどうしても行事に関わるあそびに目を向けることが増えます。そうしたときこそ、子どもたちが多様な自分の姿、多様な仲間の姿に触れられるあそびが保障できているかどうか、確認してみるといいかもしれません。

5 生活を彩るファンタジー
――素話からはじまった、ちゅうたろうの物語

ちゅうたろうと子どもたち

ここで取りあげるのは、1年間にわたって担任がつくった「ねずみのちゅうたろう」の素話を楽しんだ3歳児たちの姿です。

ねずみのちゅうたろうの物語は、プールや散歩といったその日のできごとに関連づけたものもありましたが、ほとんどの場合、保育者がその場で思いついたことを話す、かんたんなものでした。ストーリーに連続性がなくても楽しめてしまうのは、なんとも3歳児らしいところです（4、5歳児になると、『エルマーのぼうけん』に見られるような「物語性」を求めるようになります）。担任も、事前に準備することなく気軽に話せたことで、プレッシャーを感じることなく長く続けられた、とふり返っています。

4月から毎日のように話してきたちゅうたろうの素話の中でも、子どもたちがとくに楽しみにしていたのが、ちゅうたろうが保育園のいろいろなところから、子どもたちのようすを見ているという話でした。

夏のある日、担任はちゅうたろうがクモの巣にからまりながらも、せまい穴を通り抜け、子どもたちがプールで水あそびしているようすを見ている、という話をしました。するとユイが、園庭のすのこをさして、「ちゅうたろうの家とつながっているかも……」と言いはじめたのです。担任が「どうしてそう思ったの?」と聞くと、「だって、今日の朝見たときに穴があいていて、クモの巣とかあったもんね」と答えます。

ちゅうたろうを探しに

テラスに敷かれたすのこの隙間を見ると、屋根から落ちてきた雨粒がポツポツと穴をつくっていました。ユイはその穴はちゅうたろうの足跡で、ちゅうたろうの家とつながっているかもしれないと考えたようです。するとサチも「うん。起きたらちゅうたろうのお家、探してみる」と続けます。午睡前の保育者の素話は、こうした目覚めてからの楽しみを生みだすことにもつながっていました。

またこの時期、子どもたちがちゅうたろうの存在を感じている会話が、いろいろな場面で聞かれました。「ここ、ちゅうたろうの家じゃない?」「ちゅうたろうの足跡があった(土に水滴が落ちた跡)」などと、子どもたちは園内のいろいろな場所にちゅうたろうの痕跡を見つけます。中には、「ちゅうたろういた! こっち」と木の上を指さし、「あっ、あそこにちゅうたろうがいた! なんか葉っぱが揺れてる」と、実際にちゅうたろうを見たという子どももでてきます。

ちゅうたろうの仲間を探しに、園舎の2階にある乳児の部屋に行くこともありました。「みんなー、ねずみ探しに探検に行こう!」「大きい声をだしたら、ねずみ逃げちゃうから、そっと静かに行かなくちゃだめだよ」と言いながら、息を殺して階段を上る子どもたちは、なぜか四つ足で歩いています。

3歳児にとって、ねずみを探すという行為は、4、5歳児の探検あそびのような、お話にでてくる対象がほんとうにいるかどうかを確かめるというよりも、ちゅうたろうの存在を前提として、その世界を楽しむためのものだったことがわかります。

合宿での取りくみ

ちゅうたろうの世界に夢中になる子どもたちのようすを見て、担任は、夏の合宿でも、子どもたちとちゅうたろうの世界を楽しみたいと考えました。

3歳児の合宿は、保育園で1泊するというものでした。園内合宿では、ふだんは自由には使えない、他クラスの教室が使えます。担任は、子どもたちがよくねずみを探しに行っていた2階の乳児クラスであそんでみようと提案します。

子どもたちは（保育者があらかじめ部屋に用意していた）大型積木や、子どもがくぐることのできる大きさのトンネルを見つけると、さっそく積木でお家を作り、その先にすべり台、トンネルをつなげます。子どもたちが作ったのは、保育園につながるちゅうたろうのお家でした。子どもたちは「ちゅちゅちゅちゅ～！」と言いながら、すべり台を滑ってトンネルを抜け、まるで自分たちもちゅうたろうの仲間になった気分であそんでいたそうです。

合宿では、夜のお散歩も楽しみの一つでした。子どもたちはちゅうたろうにあげようと、公園にどんぐりの実を探しに行きました。季節はまだ夏ですので、前の年に落ちたどんぐりが残っていれば……とどんぐりを探していると、ブランコの下にポツポツと雨水の垂れた穴を発見します。子どもたちは、やっぱり公園にもちゅうたろうがあそびに来ているんだと言って、盛り上がったそうです。

午睡明けのようすから

夏休みが明けたある日、午睡が終わり、子どもたちが布団をたたんでいると、どこからか「ちゅうちゅう」と声が聞こえます。ミエは、「ぼくはお家のお布団もたためるから、力持ちねずみ」と言って、仲間といっしょに布団をたたんでいます。一方、布団からでられないケイは、「ぼくはまだ、寝たいねずみ」と言っています。

ミエはふだん、「ぼく」という自称詞を使うことはありません。ミエは、力持ちねずみとして「自分は布団をたためるくらい、大きくなった」ことを表現していたようです。一方でケイは、「ぼくはまだ、寝たいねずみ」と、ねずみになって甘えを表現しています。こうしてちゅうたろうの世界は、子どもたちの身近なものになっていたことがわかります。

目が覚めることを楽しみに眠りにつく子どもたち

事例をふり返ると、午睡前の素話は、子どもたちを早く寝かせるためのたんなる保育技術などではなかったことがわかります。

子どもたちの生活を映しだした素話は、子どもたちとともに生活している保育者だからこそ紡ぎだすことができた物語でした。こうした素話をとおして、子どもたちの生活の中にも、ちゅうたろうの存在が根づいていきました。ねずみのちゅうたろうの物語は、こうした保育者と子どもとがともにつくりあげた物語といってよいでしょう。

また、子どもたちが生活する姿をちゅうたろうが見ているというストーリーは、保育者と子どもたちが午前中の保育をふり返る機会にもなっています。ちゅうたろうの目をとおして、楽しかった経験をふり返りながら午睡前の時間を過ごす子どもたちは、早く寝なさいと急かされながら眠る子どもたちよりも、よっぽど満たされた気持ちで眠りにつくことでしょう。

「起きたらちゅうたろうのお家、探してみる」と、午睡後の保育への期待をもって布団に入るサチの姿からは、午後にたっぷりとあそぶために午睡の時間があるということが、子どもたちに自然な形で伝わっていったことがわかります。

もちろん保育者が、「早く寝なさい」「しずかにしなさい」という言葉をかけざるをえないこともあるでしょう。ただ、目覚めた先に、楽しい時間が待っているという期待がもてているかどうかによって、その言葉の意味は大きく変わってくるように思います。

ちゅうたろうの物語は、そうした目が覚めたあとの期待を生みだすことにつながっていたことがわかります。

6 ふしぎ心のもつ力

——忍者の世界を楽しんだ子どもたち

忍術を自分たちのものにしていく子どもたち

4歳児クラスの担任は、当時、保育歴2年の保育者でした。前年は3歳児クラスを受けもっており、この年は2年連続での担任となります。ごっこあそびが大好きな子どもたちが多く、いつもどこかで、怪獣やアニメのキャラクターになりきってあそんでいる子どもの姿が見られるクラスでした。

ただし、まだまだ一人の世界で楽しんでいる子どもが多く、保育者としては、仲間とイメージを共有する楽しさを味わってほしいという思いをもっていました。そうはいっても、担任はまだ3年目の若手保育者。どんなあそびが子どもたちの興味を引くのかわからず、同じクラスを担当していたパート保育者や、主任、園長に相談をし、「忍者」をテーマとした取りくみを進めることにしたそうです。

当時は、クラスに忍者の手がかりになるものがなく、まずは4冊、忍者を題材にした絵本を用意し、子どもたちがどの絵本に興味をもつか、ようすを見ることにしました（注）。その中で、多くの子どもたちが興味をもったのが、『にんじゃじゃ』と『にんじゃつばめ丸』でした。どちらも「子ども忍者」が主人公の絵本であり、子どもたちも自分と忍者を重ねやすかったのかもしれません。しばらくすると、子どもたちは絵本にでてくる忍術をまねて、「修行」をするようになりました。

絵本で紹介されている忍術の中でも子どもたちがとくに楽しんでいたのが、「隠《かく》れ身《み》の術」でした。保育者たちに見られないように、手で印《いん》を結び（指を絡めるなどして特定の形をつくるもの。忍者のポーズとして知られているものです）、トイレにかけ込むなど、日常のなかでも忍術を楽しむ姿が見られたといいます。

子どもたちは絵本にでてきた忍術だけでは飽き足らず、自分たちでオリジナルの忍術をつくりはじめます。忍者修行をはじめたのが夏だったこともあり、プールで速く泳ぐことを「魚の術」、水の中をゴロゴロと横向きに回転することを「水どんぐりの術」と命名するなど、自分たちの忍術を生みだしていきました。とくに水どんぐりの術は、ふだんリズムで行っている「どんぐり」の動きを水あそびの中に取り入れたもので、子どもたちが絵本の忍者をなぞるだけでなく、自分たちの生活と結びつけながら忍者の世界をつくる姿に、保育者たちは手応えを感じたといいます。

注：岡本よしろう・作『にんじゃじゃ！』（文溪堂）、市川真由美・文／山本孝・絵『にんじゃつばめ丸』（ブロンズ新社）、浅沼とおる・作絵『どんぐりにんじゃ』（鈴木出版）、飯野和好・作『くろずみ小太郎旅日記　おろち退治の巻』（クレヨンハウス）

忍術をクラスの仲間と共有するために

子どもたちが修行をするようすを見て、担任たちはもう少し、あそびを展開させられないかと考えました。そこで取り入れたのが忍者の巻物でした。

おやつの時間、開いている窓から巻物が飛び込んできた（実際には、主任保育者が園庭から窓に向かって巻物を投げ入れた）経験は、子どもたちに忍者の存在を強く意識させただけでなく、修行の目標を明確にすることにつながりました。

投げ入れられた巻物には、真の忍者を目指す心得が書かれていました（次ページ）。「三度の飯」のところなどは、保育者の欲がちょっと入っているようにも見えますが、そなたらが真の忍者を目指すならば、ここに記す心得をこれから決して忘れてはならぬ。

一、日々、忍術の修行に励むべし

一、会得した忍術、巻物に記すべし

一、忍者たるもの三度の飯しっかりとるべし

一、忍者たるもの仲間と共に行動すべし

子どもたちは自分たちでつくった忍術や、マスターした忍術を巻物に書き加え、クラスのみんなで修行することの楽しさを感じていったといいます。

自分の忍術が仲間に受け入れられる経験

子どもたちがつくった忍術に、「よける術」というものがありました。この忍術をつくったのはタロウでした。タロウは仲間に自分のイメージを伝えることが苦手な子どもでしたが、ある日の朝の会で、「今日はよける術がやりたい」と、仲間の前で発表したそうです。

担任が「よける術ってどんなもの?」と聞くと、「攻撃されそうになったら、こうやってよけるんだよ」と、身振り手振りを使って説明します。まわりの子どもたちから「それ、やってみたい!」と声があがると、タロウも「オニごっこでも修行

できるでござる」と、忍者言葉で答えます。

こうしてその日は、クラスのみんなで「よける術」の修行をすることになりました。考えてみると、よける術というのは、オニごっこで子どもたちがよく使うバリアのように、自分にとって都合のよい技にも思えますが、そもそも忍術とはそういう（都合のよい）ものです。ふつうのオニごっこなら「ずるい」という声もでてくるアイデアでしたが、忍術としてはこれ以上にない優れた術であり、子どもたちも、必勝の術を身につけたと、よろこんで受け入れたそうです。

秋に行われた運動会では、こうして身につけた忍術をサーキットになるように組み合わせ、保護者に披露しました。忍者修行はまわりから見ると何をしているのかわかりにくいものが多いのですが、修行の過程は保護者にも伝えられていたため、保護者も一つひとつの意味を理解したうえで、応援することができたそうです。

忍者のお話づくり

子どもたちが修行を楽しむ姿を見ながら、担任は、子どもたちに忍者のお話を楽しんでほしいとも考えていました。そこで同僚保育者の協力をえて、子どもたちと「忍者の物語」をつくることにします。

方法は、物語の途中で破れて見ることができなくなった巻物を教室に投げ入れてもらい、続きを子どもと考えるというものです。投げ込まれた巻物は、次のような書き出しではじまっていました。

それは昔々、このあたりが忍びの里であった頃、我が殿、青き城に住み、毎日輝く金のシャチホコを眺めていた。しかし、とある嵐の夜、金のシャチホコが一瞬にして盗人《ぬすびと》に奪われてしまった。金のシャチホコを失った我が殿のため、拙者ら忍者たちは力を合わせ、毎晩……（と、ここで破れている）

忍者は毎晩、力を合わせて何をしようとしたのか。すでに忍術を「極めている」子どもたちにとっては、物語の続きを考えることは、かんたんなことでした。子どもたちは、これまで修行してきた忍術を使って、盗人を見つけ、シャチホコを取りもどす方法を考えます。

担任が驚いたのは、ふだん自分から意見を言うことの少なかったユリカが、「忍者が手裏剣をあてて、シャチホコを隠している扉の鍵を見つけて取りもどす」といった、物語の展開を発表したことでした。４歳児にとって、物語づくりは少し難しい作業のようにも思えますが、数か月にわたって修行に励んできた子どもたちは、一人もとりこぼされるようなことなく、イメージを共有しながら楽しむことができました。

日常が彩られていくおもしろさ

担任があらためて実践をふり返ったとき、運動会までの忍者修行も、秋以降取りくんだ忍者のお話づくりも楽しかったけれど、いちばん楽しかったのは、忍者に彩られていく「日常」そのものだったといいます。

冒頭で取りあげたように、忍者の印を結んでトイレに行く子どもたちの姿や、保護者から届く「お家のお風呂で、いっしょに『水遁《すいとん》の術』を試してみました」といった声からは、子どもたちの生活の中に忍者の世界が根付いていたことがわかります。

こうした実践は、読みとりようによっては運動会に向けた取りくみといえなくもありません。そうした行事に向けた取りくみを否定するつもりはありませんが、行事を上手く進めるためにファンタジーを取り入れるというのは、本末転倒といえます。

それに対して本事例は、きっかけは行事であったとしても、日常そのものが豊かになることが、子どもたちにとって大切であることを教えてくれます。

若手保育者が保育を楽しむために

忍者は日々、修行をすることをとおして忍術を身につけます（実際に見たわけではありませんが……）。つまり、忍術を使いこなせないからといって、忍者であることが否定されることはないのです。むしろ、修行をしようと思った時点で、だれでもが忍者になれるといってもよいでしょう。多くの園で忍者の取りくみが楽しまれている背景には、こうした「なりたいと思って修行すれば、だれにでもなれる」という忍者の特徴があるように思います。

ただし、はじめてその年齢を担当する若手保育者が、子どもたちが見せる日常の姿を楽しむというのは、かんたんなことではありません。目先の行事予定を追いかけてしまい、子どものおもしろさを引きだせずに終わってしまうといったことも少なくありません。そこには、若手保育者を支えた、同僚保育者の存在がありました。

4章

あそびをとおしてつながり合うおとなたち

保育者がともに支え合い、協同して保育を進めることを示す概念に、「同僚性」というものがあります。もともと同僚性というのは、学校現場で教師が孤立してしまう状況（「学級王国」などと言われます）を乗り越えるために、教師間のネットワークを再構築することを目指した概念です。

ただ、こうした子どもと関わるおとなが孤立するという状況は、学校よりもたくさんのおとなが関わりあう保育の場でも起こりえます。保育者同士が十分なコミュニケーションを取ることができなければ、子どものあそびを育てることはおろか、安全を守ることも難しくなります。

本章の前半では、こうした保育者がともに支え合い、協同するためには何を大切にすればよいか、とくに若手保育者を支えるという視点から考えてみたいと思います。

また、夢中になってあそび込む子どもたちの姿は、保育者だけでなく、多くのおとなを巻き込む力をもっています。それは保育者や教師のように、子どもを育てるという明確な意図をもつ者同士のつながりでは収まりきらない、幅広いネットワークを生みだします。

後半では、保護者や地域との結びつきに視野を広げ、あそび込む保育の可能性について考えてみたいと思います。

1　若手保育者を支える
――忍者あそびの裏側をのぞく

忍者あそびを支えたもの

3章（104ページ）で、順調に進んだように見える忍者の取りくみも、保育経験3年目の担任にとってははじめての経験であり、すべてが手探りの状態でした。そもそも、子どもたちは準備した絵本に興味をもってくれるのか、またクラスのあそびとして広げるには、どうすればよいのか。そんな不安をかかえながらも、子どもといっしょに忍者の世界を楽しめた背景には、同僚保育者たちの助けがありました。

筆者は、さまざまな面から担任をサポートしていた主任保育者にインタビューをし、当時、担任にどんな助言をしたのか、また同僚保育者としてどのような点に配慮していたのかをふり返ってもらいました。ここからは、忍者実践の裏側をのぞきながら、若手保育者がいきいきと保育するために、同僚保育者は何ができるのか、みなさんと考えてみたいと思います。

成長を確認し、実践の方向性を話し合ったカンファレンス

8月初旬、担任がクラスの活動として「忍者」を取り入れるきっかけとなったカンファレンスがありました。担任、パート保育者、主任、園長が集まり、新学期からの子どもの成長を確認し、夏以降の実践の方向性を話し合うことが目的でした。

その中で、「一人ひとりのイメージの世界は育ってきているけれど、それを仲間と共有する楽しさを感じられていないのではないか」と、4歳児クラスの課題を指摘する声がありました。それは担任も、日々の保育で感じていることでした。

一方で、主任は、「一つのことをみんなで楽しむこと、目に見えないことを取り入れたときの爆発力は予想できた」と、子どもたちの可能性を感じていたと言います。きっかけさえあれば、子どもたちは爆発的な力を発揮するのではないか。見えないものを共有するのは苦手かもしれないけれど、身体表現のように目に見える活動であれば、楽しさを共有できるのではないか。主任はこうした見立てを担任に伝え、身体全体で表現する活動を取り入れてみてはどうか、と提案したそうです。

主任の提案を受け、担任が考えたのが「忍者」というテーマでした。身体で忍術を表現する活動であれば、言葉でイメージを共有することが難しい子どもたちでも楽し

めるのではないか、と考えたからです。

子どもたちの発信をどう受けとめるか

担任が子どもたちの手に取りやすい場所に忍者の絵本を置いておくと、子どもたちの中に、絵本にでてくる忍術を試してみようとする子どもがでてきました。「隠《かく》れ身《み》の術」を使い、おとなに見つからないようにトイレに行く子どもや、自分たちの術をつくってあそぶ子どもたちまででてきました。

一方で担任は、こうした子どもたちからでてきた発想を、どのようにクラスの活動として展開すればよいのか、イメージできないという悩みをもっていました。そんな担任の迷いを感じた主任は、一つのアドバイスをします。

「子どもたちが日常の中で忍者のイメージを楽しんでいるときが大切。そこをしっかりと受けとめて、クラスに返していくといい」。

じつはこの助言は、担任が実践の中でいちばんおもしろみを感じたという、日常が忍者に彩られていくことそのものでした。

主任は、おとなが設定して楽しむ時間も大切だけれど、それだけでは、あそびはおとなの想像を超えることはない。おとなが意識的に関わっていない日常にこそ、あそびを広げる種がある、ということをくり返し伝えていったそうです。

巻物の裏側

当初、忍術は数名の仲間で共有されることはありましたが、まだクラスの活動としては定着していませんでした。忍術がクラスのあそびになるきっかけとなったのが、「忍者の巻物」でした。

巻物の詳細については107ページを見ていただくとよいのですが、紙でできているとはいえ、物を教室に投げ込むわけですから、万が一でも子どもにあたっては大変です。担任は主任とよく相談し、ふだんは教室全体に広がっておやつを食べているのですが、その日は、巻物を投げ入れる予定の窓とは反対側に集まって食べることにしたそうです。

おやつがはじまると、担任が主任に目配せをしてスタートです。主任は大急ぎで園庭に降り、窓に向かって巻物を投げ込みます。なんだかバタバタが伝わってくるやりとりですが、こうしたおとな同士のやりとりも、保育のおもしろさといえます。

保護者と楽しみを共有する

主任には、「保護者に子どもの姿をいきいきと伝えられれば、必ず保護者からの反応がある」という経験がありました。そこで担任には、連絡帳の中で、できるだけいきいきと、子どもたちがあそぶようすを保護者に伝えるように助言したそうです。

この園では、幼児クラスでも連絡帳を使っています。クラス定員が15名と比較的小規模な園だからできる取りくみかもしれませんが、忍者の世界を楽しむ子どもの姿を連絡帳に書くと、保護者から多くの反応があったそうです。

例えば、タイチの連絡帳にはこんなことが書かれていました。ある日、お父さんとお母さんが、タイチが冷蔵庫からこっそりアイスを取り出そうとする姿を見つけたそうです。よく見ると、タイチの手は忍者の印を結んでいます。連絡帳をとおして、子どもたちが忍術修行をしていることを知っていたお父さん、お母さんは、「あれー、タイチくんがいないな」と言って、タイチが見えないふりをして楽しんだそうです。

お話づくりの取りくみでも

運動会が終わっても、子どもたちの忍者熱は冷めることはありませんでした。ある日、ミツキが教室の窓から見える青い屋根を見て、「あの屋根って、お城の屋根じゃゃない?」と言うことがありました。子どもたちが大好きだった『にんじゃじゃ!』には、青色屋根のお城が登場します。子どもたちの間では、「屋根にシャチホコがないから、絵本にでてくるお城じゃない」というお城否定派と、「屋根のシャチホコは、だれかに盗まれたんじゃないか」というお城肯定派との議論が巻き起こります。

その後、子どもたちは忍者が盗まれたシャチホコをさまざまな忍術を使って取りもどす、というお話づくりに取りくみました。お話づくりという枠組みは、あくまでもおとなが提供したものですが、その物語の中には、子どもたちの経験した、忍者に彩られた日常が溶け込んでいたことがわかります。

こうしたエピソードの一つひとつが、手探りのなかで保育を進めていた担任を勇気づけたといえるでしょう。

若手保育者とつくる実践

忍者の取りくみは、あそびと生活との関係について、担任が実感をもって学ぶ機会になりました。ただやはり、若手保育者にとって、実践の見通しをもつことは難しいものです。スケジュールに追われ、行事をこなすことに必死になると、行事の中だけでしか子どもの姿が見えなくなってしまいます。そうしたときにこそ、子どもの日常に目を向けることで、実践の方向性が見えてくる。このことは、若手保育者に限らず、多くの保育者の参考になることでしょう。

じつは、担任は園内のカンファレンスだけでなく、園外の研究会にも積極的に参加し、自分の実践を検討する機会をもっていました。そうした場では、経験者からするどい指摘を受け、自分の保育を見直さざるをえないこともあります。ただしそれと同時に、同じ悩みをもつ仲間に出会い、「悩んでいるのは自分だけじゃない」という安心感を得ることもできます。こうした学び合う仲間の存在も、若手保育者の成長に大きな力になることがわかります。

2 子どもと正面から向き合うために
——子どもの見方、捉え方をほぐしてくれる仲間

アズミのもう一つの姿

以前、若手保育者が子どもとの関係づくりに苦労している、という相談を受けたことがありました。

あの子なんです、と紹介されたのは4歳児クラスのアズミという女の子でした。担任をしていたのは、当時新卒2年目の男性保育者でした。

筆者のような外部のおとなが教室に入ると、子どもたちはふだんより穏やかになることが多いのですが、アズミはおかまいなしに担任に突っかかっていきます。担任が近づくとキッとにらみつけ、手をつなごうとするとふり払って拒否します。クラスの

活動に誘っても、「あっちに行け」「おまえなんてきらいだ」と声をあらげて抵抗します。担任も自信をなくし、保育中ですが、何度もため息をついていました。

朝の会が終わると、園庭であそぶことになり、筆者もいっしょについて出ることにしました。園庭にはおとなの身長を少し超える高さの木があり、おとなの目があるときには登ってもいいことになっていました。何人かの子どもが順番に木に登っていました。

アズミも、保育者の手の届く高さまでは楽しそうに登っていたのですが、高くなるにつれてこわくなったのか、木から下りようとします。ところが、どうしても最後の一歩のところで地面に足をつけることができません。

ちょうどそのとき、担任は少し離れた場所にいて、アズミの窮状に気づいていませんでした。するとアズミが、離れた場所にいる担任の背中に向かって、手を伸ばすのです。ただし、無言で。まわりには数名のおとながいたのですが、その手はたしかに担任に向かっていました。

その場は、近くにいた保育者が木から下ろしてしまいましたが（担任が来たら来たで、「あっちに行け」と拒否したでしょう）、アズミの「もう一つの姿」を見たように思いました。

不信の物語から、関係希求の物語へ

保育者たちと保育をふり返るなかで、木登りの際のアズミのようすを紹介すると、担任は「えぇー、ぜんぜん気づかなかった」と言いながらも、自分を頼ってくれたことに、少しうれしそうです。ほかの保育者からも、そういえばあそび相手が見つからないとき、遠くから担任を見ていることがあるよ、などと担任がふだん目にしていないアズミの姿が伝えられました。

その後もしばらく、アズミの担任への「抵抗」は続きました。ただし、「自分を拒否するアズミ」とは違う、もう一つのアズミの姿を知った担任にとって、アズミの「あっちに行け」という言葉は、自分を受けとめてほしい気持ちのあらわれという、これまでとは違う意味をもつようになりました。

どれがアズミの「ほんとうの姿」か、という問いを立てても、あまり意味はありません。あっちに行けと保育者を拒否する姿、あそび相手が見つからないときに保育者を探す姿、木から下りられなくなったときに助けを求める姿、これらはすべてアズミのほんとうの姿なのです。「おまえなんてきらいだ」と保育者に向けた気持ちは、うそではないのでしょう。ただし、こうした出来事がくり返されることによって、担任は「ああやっぱり、アズミちゃんは自分のことを信頼していないんだ」と、自信をなくしていきました。

こうした出来事と出来事をつなぎ合わせ、意味を与える作業は「物語」と呼ばれます。くり返し自分を拒否するアズミの姿から、担任の中に生まれたのは「不信の物語」といえるものでした。この日の木登りのような場面はこれまでにもあったことでしょう。ただし、担任がつくりあげた不信の物語はそうした出来事を見えなくしていました。

保育のふり返りは、こうした物語をつくり替えるきっかけになりました。そういえば……と同僚の保育者たちからだされたエピソードは、担任のつくりあげた不信の物語を、アズミがじつは保育者を求めている、という「関係希求の物語」へとつくり替えるきっかけになりました。

子どもの気持ちに向き合うということは、こうした物語を更新していく作業といえるのではないでしょうか。

子どもを受けとめられないもどかしさ

子どもの気持ちを受けとめたいというのは、すべての保育者の願いといえます。ただし、保育者が子どもの成長を願うあまり、子どもの気持ちを素直に受けとめられなくなることがあります。

3歳児クラスにハルトという男の子がいました。ハルトの発想はとてもユニークで、宇宙や人体に興味をもち、家庭でもそういった本を好んで読んでいたそうです。まわりの子どもたちといっしょに泥団子を作っているときにも、「これはマクロファージ（細菌やウイルスから身体を守ってくれる細胞のことで、身体のしくみの本にでてきたのだと思います）」「隕石がぶつかる！」などと独自の想像力を発揮するので、まわりの子どもたちはついていくことができません。担任は、仲間といっしょにあそべるようになってほしいという思いから、いろいろなあそびに誘いかけました。ただしハルトは、まわりから誘われても興味を示しません。

担任も、ハルトの想像力の豊かさを感じとっていました。フリーの保育者が保護者と楽しそうに「ハルトくんって、ほんとにおもしろいですよね」と話している姿を見ると、ハルトをまるごと受けとめられていない自分に、もどかしさを感じていたそうです。

子どもの世界に入り込む

ハルトのおたふく風邪が治り、ひさしぶりに登園してきた日のことです。ハルトが粘土で「お薬」を作っているのを見て、「お休みの間に飲んだのかな？」と思った担任は、「あいたたた」と、耳を押さえて痛がるふりをしてみたそうです。その姿を見たハルトは、うれしそうに担任のためにお薬を持ってきてくれました。

仲間とハルトをつなぐ前に、自分自身がハルトとつながらなくてはならない。そのことに気づいた担任は、保育者やまわりの子どもたちの世界にハルトを引き込むのではなく、ハルトの世界に入り込み、いっしょにおもしろがってみようと気持ちを切り替えました。担任はこの日のことを、自分とハルトの距離がぐっと縮まったエピソードとして紹介してくれました。

こうした関わりの転換は、言葉にするほどかんたんなことではありません。「自分の関わりが、ハルトくんの独特な世界を『強化』し、仲間との溝を広げてしまうのではないか？」「いつまでハルトくんの『ミトコンドリア』につきあえばいいのか？」という不安がわいてくるのは当然です。そしてときには、周囲の保育者との受けとめ方の違いが、保育をよりいっそう難しくしてしまうことがあります。

幸いこの担任は、ハルトとの関わりの難しさや、ハルトの発想に共感できないもどかしさを、職員間で話すことができていました。こうした保育者自身の気持ちを受けとめる仲間がいたからこそ、保育者は安心して、ハルトの気持ちに向き合うことができたといえるでしょう。

手をつなぐなかで発揮される専門性

保育における同僚性とは、保育者同士の関係にとどまりません。ある公立保育園では、給食業務を民間委託することになり、給食の先生とのやりとりが管理職をとおしてしかできなくなりました。

筆者も何度かその園に行ったのですが、驚いたのは、調理室と子どもたちがご飯を食べる場所とが、がんじょうなシャッターで区切られていたことです。給食の時間になると、そのシャッターがガラガラっと開けられ、窓越しに食事が提供されます。食事が終わると、またガラガラっとシャッターが閉じられるのです。

自園方式で給食が提供できない場合、業者と保育園（この場合は自治体）との間で取り交わされた契約によって、さまざまな縛りがでてきます。例えば、たまねぎが収穫できたから、ちょっと調理の先生に炒めてもらってみんなで食べたいと思っても、「契約」がされていなければできません。

また、この園では給食の提供時間が厳しく決められていました。少し遠くまで散歩に出て、帰りが遅くなった日には、保育者の携帯電話に催促の電話がかかってきます。そこで働くある保育者は、「時間に気づかなかったって謝るしかないのよね。でも、相手もそれはわかってて……」と愚痴をこぼしつつ、「こういうときこそ、少しでも融通を利かせてもらえるように、ふだんから仲よくしてるのよ」と、教えてくれました。

保育士、栄養士、看護師といった保育の場で働く職員が、同じ方向を向いて保育がしづらい時代になっています。ただそこでも、心ある人びとは、なんとか手をつなぎ、よりよい保育を模索しています。こうした仲間が手をつなぎ合うことも、今求められる保育者の専門性ではないでしょうか。

3　子どもの声を聴くために

――コマ回しで見せる子どもの葛藤を受けとめる

教室の外にいる担任にぶつけた「うるさい!!」

ある保育園で異年齢グループでのコマ回しを見る機会がありました。この園では、ふだんは年齢別の保育をしていますが、コマ回しは異なる年齢の子どもが関わるよい機会になるということから、毎年、冬の縦割り活動として取り入れられてきました。

この日は、3、4、5歳児がそれぞれ、いくつかのグループに分かれ、手回しゴマや糸引きゴマ、缶コマや大型の木コマであそんでいました。

4歳児のショウは、ふだんはとても活発な男の子でした。ただ、コマ回しは苦手で、投げゴマにひもを巻くこともできません。4歳児にはまだ、ショウと同じように投げゴマが回せない子どもがいるため、5歳児や保育者が手伝ってあそんでいます。ショウも保育者に手伝ってもらって回していますが、あまり楽しそうにはしていませんでした。そして、しばらくするとグループから離れ、教室のドアから外を眺めていました。

ドアの外には、ショウの担任がいました。縦割り活動では、グループに分かれて活動するため、自分のクラスの保育者が側にいるとは限りません。ショウの担任は、別グループの子どもたちと、ショウたちのいる教室の前でコマ回しをしていました。

教室の外からは、子どもたちの楽しそうな声が聞こえてきます。担任も、コマが回ると「やったー」と歓声をあげ、子どもたちといっしょに盛り上がっています。ショウはその声を聞くと、ドアを開けて「うるさい‼」と大声をあげます。ただ、ショウも、そうした自分の姿を見られたくはなかったのでしょう。声をあげると、再びバタンとドアを閉めてしまいました。

そうしたことを何度かくり返しているうちに、お昼ごはんの時間が近づいてきたため、この日のコマの活動は終わりました。

ショウの心の中にいる担任

その日の職員会議で、ショウのようすが話題になりました。ショウのグループにいた保育者は、ショウが担任に向かっていらだちをぶつけるように、「うるさい‼」と言っていることに気づいていました。ただ、自分が声をかけると逆効果だろうと思い、ようすを見ていたそうです。

一方で担任は、職員会議で話題にあがるまで、ショウが自分に向かって声をあげているることには気づいていませんでした。もしこのときに話題にならなかったら、こうしたショウの姿は担任に知られずに、過ぎてしまっていたかもしれません。

この話をしていて印象的だったのが、担任がショウのエピソードを聞いているときに、とてもうれしそうにしていたことです。子どもが何かを乗り越えようとしているとき（この場合は「うるさい‼」と言われながらも）、子どもの心の中に自分の存在があることが確認できたことは、担任にとってこれまでのショウとの関わりが肯定される経験だったのでしょう。

話し合いの結果は、今はようすを見ようというものでした。もし、同じグループに担任がいても、ショウが積極的にコマ回しに取りくんだとは思えません。担任が練習につきあおうとしても、ショウがそれを素直に受け入れることはなかったでしょう。

では、保育者にできることは何もないかというと、そうではありません。ショウが発した「うるさい‼」という言葉の背景に、「担任を心の支えにしたい」「自分のことを応援してほしい」という願いがあることを理解することこそが、ショウが次の一歩を踏み出すための大切な援助になったといえます。

ばらばらに練習する3人の姿

別の園での話ですが、5歳児クラスでこんなことがありました。このクラスには、外あそびではいつもいっしょにあそぶ仲良しの男児3人組がいました。3人とも運動神経がよく、頭の回転もはやいため、まわりからも一目置かれていた子どもたちです。

そんな彼らですが、コマ回しは大の苦手でした。彼らはクラスでコマ回しがはじまると、スーッと教室から抜けだし、いなくなってしまいます。

ある日、コマ回しがはじまり、3人がいなくなったことに気がついた担任は、クラスをもう一人の保育者に任せ、3人を探しに行きました。すると、一人はとなりのクラス、もう一人は園内をふらふら、もう一人のススムはだれもいない集会室のすみっこと、それぞれがべつべつの場所にいました。ふだんは仲のいい3人組ですが、このときばかりはいっしょにいる気持ちになれなかったのでしょう。

ススムが集会室にいることに気づいた担任は、ススムの手にコマがあることに気づきます。ススムは集会室で一人、練習をしようとコマを持ってきていたのです。

担任が、「教室の外に行きたいときには、どこに行くのか言ってからにして」と言うと、ススムから返ってきたのは、「言ったらみんながついてくる」というものでした。ススムはクラスの中でもあそびを引っぱることの多い子どもでしたので、ススムがどこかに行くなら自分も行きたい、という子どもがでてくるのも無理はありません。

自分ができない姿を仲間に見られたくない、というススムの気持ちを大切にしたかった保育者は、「もし教室の外に行きたいんだったら、先生に言ってね」と言って、その場を離れました(注)。

注：田中浩司「仲間とのつながりのなかで培われる自己肯定感―できない自分との出会いを、どうつくるか」（浜谷直人編著『仲間とともに自己肯定感が育つ保育―安心のなかで挑戦する子どもたち』第4章　かもがわ出版）

見えない場所での葛藤に気づく

ショウやススムのような子どもたちは、「プライドが高い子ども」として、否定的に捉えられることが少なくありません。たしかに2人とも、自分がコマを回せない姿を周囲にいる仲間や保育者に見せたくない、という思いをもっていたことは確かでしょう。一方で、この2人は、そうした自分の葛藤を保育者に知ってもらいたい、という願いをもっていたことも見逃すことはできません。ショウは、「うるさい!!」という言葉をぶつけることで、ススムは仲間に見られない場所で、一人で練習しようとしていたことを保育者に告げることで、自分の願いや思いを表現していました。

こうした子どもの願いや思いを引きだすこと、聴くことは、日常の生活をとおして、信頼関係をきずいてきた保育者にしかできません。もちろん、子どもたちがこうした願いや思いを素直に表現するとは限りません。ショウも、担任が気づきそうになるとドアを閉めてしまいましたし、ススムは教室からいなくなってしまいました。

保育をゆったりと語り合う職員会議という場があったからこそ、担任はショウの思いに気づくことができました。ススムについては、担任がもう一人の保育者に教室を任せることができたからこそ、じっくりと話を聴くことができました。

こうした子どもの願いや思い、いわゆる子どもの「声」を聴き取ることは、仲間の保育者といっしょに子どもを育てるという姿勢や、保育条件が保障されることによって、はじめて実現するということも、あらためて確認しておきたいと思います。

4 子どもの姿を保護者と喜びあうために

――子どもをよく知る保育者だからできる運動会の実況中継

縄あそびの土台としての縄づくり

ここでとりあげるのは、「縄あそび」の取りくみです。縄あそびという名称には、単に跳ぶための技術や体力を得るのではなく、縄との関わりそのものを楽しんでほしい、という保育者たちの思いが込められています。

担任は、子どもの頃から「なわとび」が得意でなく、そんな自分が保育者として、子どもたちになわとびのおもしろさを伝えられるのだろうかと悩んでいました。そんなとき、仲間の保育者からなわとびも「縄」を使ったあそびの一つだから、子どもたちと縄を使っていろいろとあそんでみたらどうか、とアドバイスをもらったことをきっかけに、縄あそびに取りくんだそうです。

せっかく縄であそぶなら、以前聞いたことのある「縄づくり」からはじめてみようと、保護者にも材料となる布を提供してもらい、子どもたちと試行錯誤しながら編みあげていったそうです。長い布を裂いて、帯状のひもを作り、三つ編みにするのですが、布によってはすぐにほつれてしまうものや、きつく編み込むことができないものもあり、納得のできる縄を編みあげるには、かなりの時間がかかったそうです。

子どもの姿を保護者に伝える

手がかかっただけのことはあって、子どもたちは自分でつくった縄をとても大切にしたそうです。色とりどりの布で編まれた縄は、まるで自分の「分身」のように、ある子は髪飾りのように、ある子は腰からぶら下げるおしゃれなチェーンのように大切に身につけていました。また、自作の縄を使っての縄あそびは、縄玉キャッチボール、何本もの縄をつなぎ合わせてつくる縄ブランコやターザンロープ、縄を使ったシッポ取りなど、20種類を超えました。こうした取りくみのようすは、通信をとおして保護者に知らせるだけでなく、保育室の入り口にデジタル・フォトフレームを置いて当日の写真を流し、子どもを迎えにきた保護者に、その日のようすを見られるようにしたそうです。

こうした取りくみをとおして、保護者は子どもが今、何に夢中になっているのかを知ることができるだけでなく、保育者が今、何を大切にしているのか、保育者の思いに触れることができたといえます。

長縄のおもしろさ

縄というのは、テレビゲームやオンラインゲームと違って、それ自体が刺激を与えてくれるものではありません。縄が目の前に落ちていても、それが勝手に動きだすわけではありません。縄であそぶには、縄をどのように使うのか、自分自身の頭で考えなくてはなりません。また、仲間とあそぶには、たがいのイメージを確認しあい、あそび続けるための工夫も必要になります。

それがとてもよくあらわれるのが長縄です。長縄は、回し手が跳び手に合わせてタイミングよく縄を回すことが大切になります。回し手が自分勝手に縄を回してしまうと、跳び手はとても苦労するだけでなく、縄そのものが回りません。当然ですが、長縄は跳べなければおもしろくはありませんので、回し手と跳び手がたがいに息を合わせなければ、あそびが成立しないという特徴があります。つまり、仲間が跳べたことは、自分がうまく回すことができた証ともいえるのです。

跳び手と回し手の喜びが重なるところに、長縄のおもしろさがあると考えた担任は、仲間関係を育てる大切なあそびとして、長縄に取りくみました。もちろん、「ちゃんと跳んでよ」だとか、「ちゃんと回してよ」といったように、たがいの思いがぶつかることもありますが、くり返すうちに子ども同士で声をかけあう、跳びやすいように縄の長さを調節するといった、グループの工夫が生みだされます。こうした取りくみをとおして、担任自身、今まで気づかなかった縄あそびのおもしろさを発見していったといいます。

あそびの「過程」を伝える実況中継

こうした子どもたちの姿を保護者にも伝えたいという思いから、9月の運動会の種目に3人一組で行う長縄を取り入れたそうです。ただし、運動会で「なわとび」を見せるとなると、保護者はどうしても、跳べたかどうか、何回跳べたかという結果に目を向けることが多くなります。もちろん、跳べるにこしたことはないのですが、そこに一喜一憂してほしくないと考えた担任が取り入れたのが、あそびの過程を伝える実況中継でした。

これまでも、縄づくりの過程や、縄あそびの過程をリアルタイムに伝えるようにしてきましたが、当日は、子ども一人ひとりが、これまでどのように縄あそびに向き合ってきたのか、また、それぞれのグループがどのように工夫してきたのか、子どもたちが長縄を披露する横で伝えていきました。

この園では、前年まで、運動会の司会は主任保育者の役割だったそうです。けれども、子どもたちがどのように縄あそびに向き合ってきたのかを伝えるのなら、その経過をいちばんよく知る担任のほうがいいだろうと、これまでの役割を変更したそうです。こうしたことができたのは、あそびの過程を捉えること、そしてそれを保護者と共有することの大切さが、職員のなかで「共通の価値」になっていたことも大きいでしょう。

自分たちの生活を知ってもらうなかで生まれる安心感

なわとびに苦手意識をもっていた担任は、子どもとともに縄あそびのおもしろさに触れるなかで、縄を媒介としてつながり合う仲間の存在と、その仲間とつくりだす共有経験の大切さに気づいていきました。子どもたちが縄あそびに夢中になっていくようすは、通信や写真、そして運動会では、子どもたちのあそびの過程を伝える実況中継という方法を使って伝えられました。こうした取りくみをとおして、なわとびが跳べるか、跳べないかといった表面的な姿だけで子どもを捉えるのではなく、あそびに夢中になる過程に目を向け、共感することが大切であるという、保育者と保護者との「共通の価値」がつくりだされたといえます。

ただし、なわとびは跳べるからこそ楽しいあそびであることに違いありません。やり方によっては、より短期間で子どもたちが楽しみながら、なわとびが跳べるようになる援助の仕方はあったかもしれません。一方で、本事例が教えてくれるのは、そうした目標をもちながらも、あえて「回り道」をすることで、子どもたち、そして保育者自身が、あそびのおもしろさに気づく機会を与えられることがあるということです。

5　地域の中で育つ子どもたち

――散歩先での出会いがあそびを豊かにする

地域に見守られるということ

散歩というのは、目的とする場所に向けて計画的に移動するといったものではなく、そこでの「偶然」の出会いを期待しながら、ある意味「行き当たりばったり」を楽しむ活動といえます。

もちろん、危険な場所を避けることや、事前にルートの下見をしておくといったことは大前提となりますが、散歩は自分たちが生活する地域を知る大切な機会であり、散歩をきっかけにあそびが広がることも事実です。

ある保育園の散歩に同行したとき、地域に見守られるとは、こういうことをいうんだな、と実感する場面がありました。小高い丘の上にある保育園の眼下には棚田が広がっており、それを取り囲むように数軒の家が立っていました。田んぼのあぜ道を通り抜け、丘の下にある川まで行くというのが、定番の散歩ルートでした。

この日も、子どもたちは花や虫を探しながら、あぜ道の散歩を楽しんでいました。散歩の途中、周囲の家を見ると、多くの家の軒先にイスが置かれ、そこに何人ものお年寄りが座りながら、子どもたちのようすを眺めています。

保育者に聞くと、この斜面は子どもの声が反響しやすく、子どもたちが散歩に出ると、家の中にいてもすぐにわかるのだそうです。散歩の時間はだいたい決まっているので、地域のお年寄りは子どもたちが出てくるのを楽しみにしており、子どもたちの声が聞こえてくると、一人また一人と家から出てこられるのだそうです。

保育者も、こうした地域の方々が子どもたちの散歩を楽しみにしていることを知っており、お年寄りの住む家の近くを歩くようにしたり、積極的に声をかけてあいさつをしたりして、できるだけ交流をしているとのことでした。

安心できるあそび場と地域との信頼関係

この園の裏手には、子どもたちがあそび場として使っている里山がありました。下草がきれいに刈りとられ、ちょっとした山登りも楽しめる、子どもにとって絶好のあそび場です。ちょうど筆者が訪問した年、このクラスでは山にりゅうが住んでいるというファンタジーの世界を楽しんでいました。

園を取り巻くように並ぶ山々が、「りゅうの背中に見える」といった子どものつぶやきをきっかけに、りゅうをテーマにしたさまざまな物語を読んだり、りゅうの共同制作に取りくんだりして、りゅうのイメージを楽しんでいました。そうしたなか、子どもたちは、自分たちがふだんあそんでいる山にも、りゅうが住んでいるかもしれないと考えるようになりました。もちろん、実際にりゅうが出てくることはないのですが、木洩れ日を見て「りゅうの眼が見えた!」、山の中に置かれた積み石を見て「りゅ

う の魂だ!」と、ファンタジーの世界を広げていきました(注)。

じつはこの里山は、園が所有しているものではなく、栽培しているシイタケはさわらないという約束のもと、子どもたちが自由にあそぶことをゆるしてもらっている場所でした。また、所有者の厚意で下草を刈ってくれたり、倒木の危険があるような木は伐採してくれたりと、子どもたちが安心してあそべる場所として、この里山を維持してくださっていました。

子どもたちの散歩を楽しみに、保育そのものにも協力してくださる方のいる地域ですが、こうした信頼関係がすぐにつくられたわけではありません。保育者によると、地域のお祭りに参加したり、地域の方を招いて保育を知ってもらう機会をつくってきたことで、地域の中に保育園が位置づいていったそうです。

ちょうど筆者が訪問する前の年には、園にイノシシが山から下りてくることがあったそうです。そのときも、保護者だけでなく、地域の方が集まって、いっしょに知恵をだしあってくださったそうです。

子どもたちが安心して生活できる環境をつくるうえで、地域が味方になってくれることが、いかに心強いか教えてくれた実践でした。

注:田中浩司『集団遊びの発達心理学』(北大路書房)

偶然をあそびにつなぐ保育者の役割

散歩は偶然の出会いを楽しむ活動だと言いましたが、散歩先での出会いを単なる偶然に終わらせるのではなく、その後のあそびにつなげていくのは、保育者の大切な役割です。こうした偶然の出会いをあそびにかえる保育者たちの姿が、いきいきと描かれた実践記録があります（注）。

1歳児クラスでの散歩の途中、たまたま川沿いの畑で農作業をしていた方が、排水溝の向こうから「おぉーーい」と声をかけてこられたそうです。地域の方も、はじめはちょっと子どもたちを驚かせてやろう、といった軽い気持ちで声をかけられたのでしょう。ただしその声を聞いた保育者は、「かっぱさんの声じゃない？」と、ざわめくように子どもたちに伝えました。1歳児ですので、どこまでかっぱのイメージをもっていたかはわかりませんが、こうしてはじまった、かっぱのおじさんとの交流は、その後、クッキングで作ったかっぱ巻をおじさんのところに持っていくといったやりとりにまで発展します。

地域の方が声をかけてこられたのは、まったくの偶然です。ただし、その声を即座にファンタジーの世界とつなぐことができるのは、保育者が子どものあそび心を知るからこそでしょう。

また、この実践の特徴は、子どもたちと地域の方との個別の交流に終わらせることなく、こうして関わりをもった方を園の生活発表会に招き、保護者との交流にまで高めていったところにあります。

かっぱのおじさんの存在は、園だよりをとおして他クラスの保護者にも伝えられており、生活発表会の場で、かっぱのおじさんになってくださった方を紹介すると、保護者から拍手がわき起こったそうです。

偶然起こった地域との交流が、園と地域、さらには保護者と地域とを結びつける機会になったことがわかります。

注：山並さやか「子どもたちの姿が町を、人を、あたため癒す」（わたしの保育実践ノートより『ちいさいなかま』68-73頁　2021年2月号）

保育者にとっての地域の存在

地域とのつながりは、子どもだけでなく、働く保育者の安心にもつながります。長年、その地域で保育をしていると、散歩先で卒園生やその保護者、季節の行事の手伝いをしてくださる方など、たくさんの「園に関わる方」に出会います。一言二言、言葉を交わすだけでも、散歩の雰囲気がぐっと和んだものになります。

一方で、勤務経験が少ない保育者の場合、そもそもそうした人たちに出会っていたとしても、その存在に気づくことができません。考えてみると、保育者の多くは自身の生活圏とは異なる地域に通勤しています。最近では、地方の養成校をでた学生さんが、都市部の園に就職することも少なくありません。そうした保育者にとって、園から一歩出ると、そこは見ず知らずの土地、ということになります。

知らない環境というのは、人を緊張させます。子育て中の親にもいえることですが、家の中ではゆるせることも、外に出るとまわりの目を気にして注意する、ということはよくあることです。園の外は知らない人ばかり、という状況では、子どもにちゃんとさせなくてはいけないという規制が働くのも無理はありません。安全管理という面では、緊張感をもつことは必要ですが、過剰な緊張は子どもにも伝わります。そうした中では、この園の保育者たちのような、偶然をあそびにつなぐ、即興的な関わりは難しくなるでしょう。

6 地域のプロの手をかりる

――さまざまなおとなに支えられた野菜づくり

栽培活動のおもしろさ

夏にスイカを食べたあと、残った種を蒔いてみたことがある方は多いのではないでしょうか。

種は水と空気、そして発芽に適した温度さえあれば、自然と発芽するもので、地面に落ちたスイカの種から芽がでることもあります。一方で、実がなるまで育てようと思うと、日当たりや土づくり、雄しべに花粉をつける人工受粉や土の温度管理など、多くの手間をかけなくてはなりません。また栽培は失敗すると、すぐにはやり直しがききません。種まきに適した時期は限られており、やり直そうと思っても、数か月先、場合によっては1年先まで待たなくてはなりません。

スイカに限らず、野菜を育てるには大変な手間がかかります。もちろん今の時代、ネットや書籍を見れば、栽培のノウハウを得ることはできます。おとながしっかりと下調べをし、細かく指示をだすことで、失敗なく収穫することはできるでしょう。ただし、おとながいちいち口をはさんでいると、子どもの中に「やらされ感」とでもいうのでしょうか、栽培への積極性や当事者意識が失われることが少なくありません。

必要な援助は行いつつ、子どもが主役になる栽培活動を実現するには、どのようなことに気をつければよいのでしょうか。ここからは、地域の人びととの出会いを楽しみながら、野菜づくりを楽しんだ、保育園4歳児クラスでの取りくみをもとに考えてみたいと思います。

グループの名前の野菜を育てたい

子どもたちの栽培活動との出会いは、2歳児クラスにまでさかのぼります。その年は、栽培の得意な担任の一人がナスやキュウリといった野菜や、たくさんの花を育て、水やりやプランターの観察が、子どもたちの楽しみになっていました。花が咲くとうれしくなって、子どもたちがすべて引き抜いてしまうこともあったそうですが、植物が成長する姿を保育者とともに楽しんでいきました。

4歳児クラスの担任は、こうして栽培活動を身近に経験してきた子どもたちと、何か収穫できる野菜を育ててみたいと考えていました。

4月の中頃、担任が「今年も野菜を育ててみようと思うけれど、どんな野菜にしたい？」と子どもたちに聞くと、子どもたちからは「グループの名前の野菜を育てたい」という答えが返ってきました。この園では生活グループでいろいろな活動に取りくんでおり、当時はイチゴ、キュウリ、スイカ、トマト、長ネギという野菜から名前をとっていました。

ただし、イチゴを植えるには時期が遅すぎますし、スイカの栽培は難しく、芽がでたとしても収穫できる保証はありません。

それでも担任は、子どもたちが自分たちで野菜を育てることで旬の時期があることや、それぞれの野菜に育て方のコツがあることに気づいてほしいと考え、子どもたちの提案には口をはさまなかったそうです。

転ばぬ先の杖をさしだしたくなるけれど…

ひとまず植えられるかどうかの判断は保留することにした担任は、子どもたちといっしょに、園の近所の店に、野菜の種や苗を探しに行くことにしました。

はじめに行ったのは、園の近くにあるスーパーマーケットでした。このスーパーマーケットには、子どもたちと調理保育の材料を買いに来たこともあり、子どもたちも植物の種や苗が置いてあることを知っていました。そこではキュウリ、スイカ、トマトの苗を買うことができましたが、イチゴと長ネギは手に入りませんでした。

次に駅前の園芸店、そして園からはかなり離れたホームセンターにも行きましたが、イチゴと長ネギは、どこにも売っていません。

考えてみれば、イチゴの苗植えに適した季節は過ぎてしまっていますので、お店にはでていなかったのでしょう。ただし、そんな理由はわからない子どもたちは、なぜだろう……と考え込みます。

野菜のことなら八百屋さんに聞けばいい

そんなとき、ふだんはあまり人前で意見を言うことのないカツマサが、「いつも保育園に来る八百屋さん（給食の食材を卸してくれています）は、野菜のこと、よく知ってると思うから、聞いてみたらいいんじゃない？」。

なるほど、野菜のことは八百屋さんがよく知っているはずです。この提案に、クラスの仲間も納得し、さっそく園から歩いて10分ほどのところにある八百屋さんに行くことにしました。

じつは担任も、野菜を育てる過程で八百屋さんと交流する機会があるといいと考え、栽培活動がはじまったときから、「いつか、子どもたちとお店に行くかもしれないので、よろしくお願いします」と、声をかけていました。また、子どもたちが八百屋さんを身近に感じられるように、散歩の際にときどき立ち寄っては、野菜の話を聞かせてもらっていました。

子どもたちはお店に着くなり、どうしてイチゴと長ネギが売っていないのかたずねました。すると、イチゴは前の年から苗を植える必要があること、長ネギも保育園で栽培するには難しく、トマトやトウモロコシ、枝豆がつくりやすいということを教えてくれました。

野菜が大きくならない……

八百屋さんの助言で、この年はキュウリ、スイカ、トマト、トウモロコシ、枝豆を植えることに決まりましたが、栽培は順調に進んだわけではありませんでした。5月末になっても、スイカとキュウリが思ったほど育たず、子どもたちから見ても頼りない状態でした。

ちょうどこの年、地域のボランティアさんが月2回、野菜の手入れに来てくれていました。ただ、いつもは野菜の手入れをするだけで子どもたちと交流する機会がなく、保育者としても子どもたちと関われる機会をもちたいと考えていたそうです。「ボランティアさんの出番だ！　子どもたちと密に関わってもらおう！」と考えた担任は、子どもたちと相談し、野菜の育て方を聞いてみることにしました。

担任の期待どおり、栽培経験が豊富なボランティアさんは、子どもたちの質問に次つぎと答えてくれました。キュウリが育たないのは、栄養不足であるということ、スイカの実が小さい場合は、土を温める（ビニールシートで被う）といいということ。たくさんのノウハウをもっているので、その後、ボランティアさんは野菜博士と呼ばれるようになりました。

実際には、スイカとトウモロコシは大きくならず、収穫には至りませんでした。しかし、グループ名になっている野菜づくりが実現しなかった子どもたちや、うまく育たなかったスイカグループの子どもたちも、落ち込むことはありませんでした。長い栽培期間を経て、子どもたちは自分たちのグループの野菜という意識よりも、みんなで育てた野菜という意識が強くなっていったからなのかもしれません。

6月になり、キュウリやトマトがたくさんできると、八百屋さんにも食べてもらいたいと、収穫した野菜を持っていくことにしました。お店に野菜を差し入れるというのもおかしな話ですが、子どもたちにとって八百屋さんにも自慢できる野菜になっていたのでしょう。

保育者だけがおとなじゃない

このように、子ども主体の栽培活動を実現するうえで、地域のおとなたちとの出会いがとても大きな役割をはたしていたことがわかります。子どもたちがイチゴを育てたいと言ったとき、もし保育者が「苗を植える季節はもう終わっているから、別の野菜にしよう」と声をかけていたら、子どもたちはこれほど夢中になって栽培に取りくむことはなかったでしょう。地域のおとなたちが協力してくれたことで、保育者は子どもといっしょに解決の道を探す、仲間になれたのではないでしょうか。

担任は当時をふり返り、もともと地域の人と顔見知りになることの楽しさを子どもたちにも経験してほしいと思っていたといいます。

散歩中にひと言あいさつを交わすだけでも、地域で生活している実感がもてるものです。それほど地域というのは、子どもたちそして保育者自身にも、安心感を与えてくれる存在といえます。栽培は、園内で完結した活動のように見えますが、保育者の関わりによって、子どもと地域、保育者自身と地域を結びつける可能性をもつ活動であることがわかります。

おわりに

2020年からはじまったコロナ・パンデミックは、子どもたちの生活やあそびに少なからず影響を与えました。本書で紹介した実践には、コロナ禍の中で取りくまれたものもあります。

いつも「コロナ」という、見えない不安にさらされてきた子どもたちに、安心して生活できる場を提供し続けることができたのは、保育者一人ひとりが、保育への熱意をもち続けたことにあります。一方で子どもたちの笑顔と、そしてたくましさが、保育者たちを支えてきたことも事実です。

私たちは、子どもを支える立場にあるとともに、子どもたちに支えられてもいる。そんなことを実感させてくれた実践を最後に紹介したいと思います。

「○○できる？」と確認しにくる子どもたち

2020年3月からはじまった一斉休校・休園が終わり、保育園に登園する子どもも増えてきた6月、年長クラスの担任は、子どもたちがたびたび口にする、「○○はできる？」という言葉が気になっていました。

長い自粛生活で、たくさんのがまんを強いられてきた子どもたちは、あらかじめおとなにできることを確認することで、自分たちの心を守ろうとしていたのかもしれません。

この園の年長児は、例年、5月下旬に2泊3日の合宿を行っていました。「合宿はできる?」と聞いてくる子どもたちを前に、保育者たちはどんな形であれ、合宿を実現したいと相談をくり返しました。その結果、換気を十分にしたうえで、園内で1泊2日の合宿を敢行することにしました。

合宿で何をやりたい?

担任が、今年も合宿ができるということを伝えると、子どもたちは大喜びで、合宿で何をするか考えはじめました。そんなある日、チサが朝の会で、「わたし、家で（合宿でやりたいことを）考えてきた」とメモをとりだし、「山に登りたい。おにぎり作りたい。パンケーキ作りたい……」と、やってみたいことを発表することがありました。チサの発表を聞いた仲間からも、「バーベキューしたい」「魚釣りしたい」と、次つぎにアイデアが出てきます。

その中でも、子どもたちがとくにやりたいと考えていたのが、川あそびと山登りでした。これまでの合宿では、子どもたちがやりたいことは、できるだけ実現させてきましたが、この年はさすがに規模を縮小せざるをえませんでした。子どもたちの希望がかなえられないことに歯がゆさを感じながら、担任は正直に、川あそびはなんとかできそうだけれど、山登りは難しいことを伝えます。

どんなときでも、楽しみを見つける子どものたくましさ

担任の言葉を聞いて、子どもたちはとてもくやしがりました。そんな子どもたちの空気を変えたのは、ソウヤの言葉でした。「それなら、山を作ればいいんじゃない?」担任は「え? 山を作るの?」と驚いたそうですが、子どもたちは「いいねぇ」とのりのりです。子どもたちが考えだしたのは、ホールに巧技台で山を作り、山登りごっこをするというものでした。担任は当時をふり返り、子どもたちの発想の豊かさにただただ感心したと、話しています。

山登りができないのなら、自分たちで山を作ればいい。私たちおとなには考えつかない発想で現実を乗り越えようとする子どもたちの中にあったのは、どんなこともあそびに変えてしまう柔軟性と、発想力でした。

あそびを学校教育の準備として位置づけようとする傾向が高まるなか、子どもたちのあそびが持つ力を、私たちはもう一度、とらえなおす必要があるのではないでしょうか。新型コロナウイルス感染症が収束してからの保育を考えるうえでも、この事例は、貴重な示唆を与えてくれているように思います。

本書では、豊かなあそびの保育実践をもとに、保育者たちが大切にしてきた子どもの姿やあそびの捉え方、関わり方について、私なりの解釈を含め「発掘」する作業を進めてきました。ここで各章を詳しくふり返ることはしませんが、いくつか、本書をとおして見えてきたことを確認し、まとめとしたいと思います。

あそびの中でわきおこる感情を大切にした保育

あそびは子どもたちの中に、快や不快、興奮や緊張といった多様な感情を生みだします。

第1章で取りあげた「なかあて」（14ページ）を例にすれば、ボールをぶつけた子どもは「うれしい」ですが、ぶつけられた子どもは「くやしい」し、そのようすを見ている子どもは「ちょっとこわいけど、どきどきして、わくわく」しています。保育者は、こうした子ども一人ひとりの感情とていねいに向き合い、時に混とんとした子どもの感情を整理することで、子どもが自身の感情に気づく手助けをしていました。

こうしたあそびの中でわきおこる感情を大切にする保育は、子どもたちが保育者や仲間の前で、自分の思いを安心して表現するだけでなく、仲間の思いを大切にすることにもつながったことがわかります。

思いを伝え合うていねいな生活

子どもたちは、自分がおもしろいと感じたことや、感動したことをだれかと共有したいという思いをもっています。ただしそうした気持ちは、子どもの中に自然とわきおこるものではなく、思いを伝えたくなる他者がいること、そして伝えるための空間や時間が保障されている必要があります。

本書で取りあげた実践をふり返ると、あそびの中で子どもがおもしろいと思ったこと、興味をもったことを仲間に伝えるためのさまざまな工夫がなされていました。朝の会で、自分が夢中になっていることを発表する時間や、あそびが一段落したところで、その日の作戦を共有する時間など、子どもたちが自分の経験をふり返り、仲間と共有するための時間がいかに大切かがわかります。

また、子どもが真っ先に、おもしろかったこと、感動したことを伝えたくなるのは、いちばん身近な保護者です。ただし、クラスの仲間のように、その場にいたわけではない保護者に、自分の経験を整理して説明することは容易ではありません。保育者は通信や、行き帰りの時間を利用して、子どもたちが今、何に夢中になっているかを保護者に伝え、子どもと保護者とをつないでいました。

こうしたていねいな生活の積み上げによって、子どもたちは自分の思いを伝えることの喜びを感じ、また、仲間の思いを大切にすることを学んでいったのではないでしょうか。

保育者の悩みや失敗が教えてくれること

幼児期の子どもたちの育ちの目標が強調されるようになるなか、保育に「正解」があるように受けとめ、保育者が子どもの今の姿を受けとめるゆとりがなくなっている、という声を耳にすることが少なくありません。そうしたなか、本書では、保育者の悩みや失敗を含めて、実践をていねいに記述することを目指してきました。

そこで明らかになったことは、こうした保育者の悩みや失敗の中にこそ、保育の本質をとらえる糸口があるということでした。ただし、こうした作業は保育者一人でできるものではなく、同僚保育者や、研究会等で共に学び合う仲間がいることによって、はじめて実現するということもわかりました。保育者の専門性とは、個人の中に閉ざされたものではなく、こうした人と人との関係の上に成立するといってよいでしょう。

最後に

本書で紹介した事例の多くは、筆者が所属する東京保育問題研究会の部会や、全国保育問題研究集会、乳幼児の生活と教育研究会、そして全国保育団体合同研究集会といった研究集会の場で討議されたものです。

ここで一部にはなりますが、本書の執筆に協力していただいた方のお名前と、保育園・幼稚園・こども園名を記載し、感謝の意を表したいと思います。また最後に、『ちいさいなかま』に連載中から、最初の読者として温かい言葉で応援してくださった村井香織さんをはじめ、『ちいさいなかま』編集部のみなさんに感謝いたします。

【執筆時の協力者・協力園】

＊青木理雄さん　緑丘保育園
＊阿部和海さん　多賀城チェリーこども園
＊古賀柊葉さん　どんぐり山保育園
＊鈴木優花さん　おひさま岡町保育園
＊高見亮平さん　どんぐり山保育園
＊千田純子さん　どんぐり山保育園
＊火ノ浦（川越）聖梨奈さん　共同保育所ひまわり園
＊山並さやかさん　やまなみこども園ころぼっくる
＊東智美さん
＊神田朋実さん
＊駒田直子さん
＊山平純子さん
＊としまみつばち保育園
＊豊川保育園
＊和光幼稚園

その他、お名前や園名を掲載していない先生方にも、
心より感謝いたします。

田中浩司（たなか　こうじ）
東京都立大学　人文社会学部　准教授
博士（教育学）専門は、発達心理学・保育学
保育者と「共に学ぶ」ことをモットーに、実践現場に身を置きながら研究を行っている。主な著書に、『集団遊びの発達心理学』（北大路書房　2014年）、共著に『仲間とともに自己肯定感が育つ保育』（かもがわ出版　2013年）、『発達障害児・気になる子の巡回相談』（ミネルヴァ書房　2008年）がある。

カバーイラスト：かるべめぐみ
ブックデザイン：稲垣結子（ヒロ工房）

あそび込む保育をつくる
実践から探る「保育の知」

初版第１刷発行　2023年８月１日

発行：ちいさいなかま社
〒162-0837
東京都新宿区納戸町26-3　保育プラザ
TEL 03-6265-3172
FAX 03-6265-3230
https://www.hoiku-zenhoren.org/

発売：ひとなる書房
〒113-0033　東京都文京区本郷2-17-13-101
TEL 03-3811-1372
FAX 03-3811-1383
E-mail hitonaru@alles.or.jp

印刷：東銀座印刷出版株式会社

ISBN978-4-89464-298-0 C3037